KB097175

고양이,
사람을 만나다

• 본 도서의 수의학적 지식에 관한 부분은

채움동물의료센터 조은철 원장님께서 도움을 주셨습니다.

고양이,
사람을 만나다

- 구조된 고양이들의 임보와 입양 이야기 -

김세영 쓰고 엮음

창조와 지식

서문

'사지 말고 입양하세요.' 저는 이 말을 매우 좋아합니다. 펫샵에서 사는 것보다 구조 동물을 입양하는 것이 더 좋다는 것을 많은 사람들에게 알리기 시작한 말이라고 생각하기 때문입니다. 펫샵의 폐해가 널리 알려진 지금까지도 많은 동물들이 펫샵을 통해 '분양'되고 있는 것이 너무 안타깝습니다. 일명 강아지 공장, 고양이 공장 등 공장으로 통칭되는 번식장에서 경매를 통해 동물들이 유통된다는 것은 이미 여러 매체를 통해서도 알려진 사실임에도 불구하고 여전히 사람들이 펫샵을 간다는 사실이 너무 슬픕니다.

저는 어쩌다 우연히 한 고양이를 만나 캣맘이 되었고 많은 고양이들을 구조도 해보고 임시 보호도 해보고 입양도 보내보았습니다. 그 과정에서 많은 사람들을 만났습니다. 저는 그 사람들과 고양이들을 서로 만나게 해 주었습니다. 고양이들이 자라서 사람에게 서서히 마음을 열어주고 입양자를 만나 가족의 일원이 되는 모습을 많이 지켜보았습니다. 제가 만난 고양이들은 전부 길에서 구조된 고양이들이었지만 하나같이 사랑스럽고 귀여웠습니다. 펫샵에서 오지 않았는데도요. 다들 지금까지 행복하게 입양자들의 가족으로 살고 있습니다. 구조 동물이 길들이기 어렵거나 어딘가가 부족하고 불편한 동물일 것이라는 생각은 편견입니다. 직접 그 고양이들을 만나보셨다면 누구나 그 사랑스러움에 빠져서 헤어 나오지 못하실 거예요.

이 책은 구조된 고양이들을 임시 보호하면서 만난 사람들과의 이야기를 담은 책입니다. 고양이를 직접 구조한 구조자님들도 있고요. 고양이를 입양한 입양자분들도 있지요. 저는 주로 임시 보호를 하며 고양이들을 매개로 구조자와 입양자를 연결해주는 역할을 하였습니다. 갈등도 있었지만 그건 아주아주 멀고 작은 점이 되었습니다. 대부분 행복하고 보람찬 과정이었습니다. 따뜻한 사람들을 너무 많이 만났습니다. 고양이를 임시 보호하지 않았다면 이 분들을 만날 수 있었을까요? 힘들 때조차 캣맘의 길로 들어선 것을 한 번도 후회한 적이 없을 정도로 저는 행복했습니다. 이 행복을 구조자, 입양자분들과 나눌 수 있어서 행복이 더욱 배가 되었습니다. 더 많은 분들이 구조 동물을 만나 이 행복을 느껴보셨으면 좋겠습니다. 얼마나 행복하냐고요? 이 책 안에 있는 입양자분들의 글을 읽어보시면 아실걸요. 구조 동물도 훌륭한 가족이 될 수 있음을 알 수 있답니다. 거기서 비롯되는 행복은 글로 다 담을 수가 없겠지요.

더 많은 구조 동물이 따뜻한 가족을 만났으면 좋겠습니다.

1

보호소에
신고하기 전에
한 번 더 생각해보세요

보호소에
신고하기 전에
한 번 더 생각해보세요

2019년 구조·보호 조처된 유실 및 유기동물은 13만 5,791마리였고, 284개 동물보호센터 운영에 232억 원이 쓰였다고 한다. 구조·보호 사례는 전년보다 12% 증가한 것으로, 2017년 10만 2,593마리, 2018년 12만 1,077마리로 계속 늘어났다. 이들 동물 중 26.4%는 분양됐으나, 자연사(24.8%), 안락사(21.8%)한 경우도 절반에 육박했다. 소유주에 인도된 경우는 12.1%였고 보호 중인 사례는 11.8%였다.

여기서, 구조와 보호라는 말을 유심히 들여다보아야 한다. 우리가 길고양이를 마주쳤을 때, 구청에 신고하기 전에 '구조'되어 '보호' 조치된다는 말의 이면에는 어떤 모습이 숨어있는지 알 필요가 있다. 구청에 신고하면 해당 동물을 포획하여 잡아가는 것이 '구조'다. 구조되어 보호소로 보내져 보호소 철장 속에 갇히면 '보호'

다. 그런데 많은 보호소의 시설이나 환경이 열악하여 전염병이 돌거나 관리 부족으로 상기 통계와 같이 자연사(24.8%)하기도 한다. '보호'되면 유기동물 공고를 낸다. '어떤 특징을 가진 어떤 동물을 언제 어디서 구조하였으니 동물 주인은 데려 가세요'라는 내용의 공고이다. 공고 기간은 지자체마다 다른데, 대개 10일~14일이다. 현행 동물보호법은 공고 후 10일이 지나도 동물의 소유자 등을 알 수 없으면 시·도 및 시·군·구가 동물의 소유권을 취득할 수 있도록 규정하고 있다. 보호된 지, 즉 갇힌 지 10일~14일이 지나면 지자체 규정에 따라 처리된다. 계속 갇힌 채 보호될 수도 있고 안락사 될 수도 있다. 거의 다 안락사 된다. 안락사 되는 비율은 위와 같이 21.8%나 된다. 애꿎은 동물들이 잡혀가서 2주일 내외로 목숨을 잃는 경우가 전체의 46.6%나 된다. 그렇다면 내가 신고한 동물이 절반의 확률로 죽는다는 것인데 이때, 구청에 신고할 것인가, 말 것인가? 신고하기 전에 한 번쯤은 그 후에 그 동물에게 일어나는 일을 생각해보아야 한다.

펫샵에서
데려오기 전에
한 번 더 생각해보세요

펫샵에서
데려오기 전에
한 번 더 생각해보세요

　농림축산식품부에 따르면 반려 고양이 수는 2012년 116만 마리에서 2018년 128만 마리까지 증가했다. 2019년 기준 우리나라 국민의 26.4%가 현재 반려동물을 기르고 있고 즉 국민의 1/4이 반려동물을 양육한다고 한다. 반려동물 인구 중 83.9%는 개를 키우고 있고 32.8%는 고양이를 키우고 있다. 아직 반려견의 수에 비해 반려묘의 수는 적지만 2018년도 반려묘 인구가 16.6%였던 것에 비하면 반려묘 인구가 2배나 늘었고, 애묘 시장이 해마다 급성장하고 있다. 이러한 애묘 인구의 증가 추세는 출판, 영화, 웹툰 등 문화 콘텐츠에서도 두드러지게 나타난다. 2020년 9월 기준, 교보문고에 따르면 고양이를 키워드로 삼은 책이 국내 도서만 해도 4,109권이나 된다.

반려동물 관련 업종은 8종, 업소는 1만 7,155곳이었으며 종사자는 2만 2,555명이었다. 전년과 비교했을 때 업소는 27.2%, 종사자는 24.8% 증가한 것이다. 반려동물 관련 업종에 펫샵도 포함되어 있다. 어느 동네를 가도 환한 조명 아래 쇼윈도 속 귀엽고 작은 동물들이 어서 날 데려가라는 듯이 전시되어 있는 것을 볼 수 있다. 바로 펫샵이다. 펫샵의 실태는 그간의 동물 관련 프로그램이나 다큐, 시사 프로그램을 통해서도 알려지기 시작했다. 그러나 아직까지도 펫샵에서 동물을 사는 문화가 만연한 것 같다. 장사가 잘 안된다면 이곳저곳에서 휘황찬란하게 큰 규모의 펫샵을 목격하지 못했을 테니까.

강아지 공장, 고양이 공장에서 불법 '생산'된 동물들은 전국 펫샵에 주로 경매를 통해 유통된다. 가정 분양이라는 교묘한 말도 생겨났지만 이도 실체는 펫샵이다. 업장을 가정집으로 꾸민 똑같은 펫샵이라는 말이다. 가정에서 태어나는 동물로는 수지타산이 맞지 않으므로 대개 이들도 경매를 통해 동물을 사온다.

그렇다면 이 동물들이 생산되는 곳은 어떤 모습일까. 동물보호 단체들이 말하는 일명 공장은 누가 보기에도 끔찍한 곳이다. 많은 곳들이 불법 생산하고 있기 때문에 동물보호법의 허가규정을 준수하지 않은 열악한 시설에서 동물 학대를 자행하고 있다. 배설물을 제대로 치워주지도 않고 아픈 곳을 제대로 치료해주지도 않으며 진짜 공장에서 재화를 생산하듯이 끊임없이 강제 교배와 강제 출산을 반복한다. 번식장 주인은 동물들에게 주사를 직접 놓기도 하고 제왕절개 수술을 직접 하기도 한다.

우리가 펫샵에서 보는 귀여운 동물들의 생산은 이렇게 이루어진다. 귀여운 모습에 홀려 여전히 현실을 외면하고 펫샵에서 일명 '로망묘'를 구입하고 싶은가? 로망인 품종묘를 포기 못한다면 유기묘도 있다. 품종묘도 해마다 거리로 쏟아져 나온다. 유기동물 공고에 길고양이뿐만 아니라 집에서 기르다가 유기한 유기묘도 아주 많다. 펫샵에서 쇼핑하듯 고를 수 있을 정도로.

구조묘를
어디에서
입양할 수 있나요

구조묘를
어디에서
입양할 수 있나요

방법과 경로는 다양하다. 자신에게 맞는 방식을 택하면 된다. 유기동물 중 고양이 입양 방법을 중심으로 소개한다.

1. 동물보호관리시스템에서 공고를 보고 보호 중인 동물을 입양한다.
2. 한국고양이보호협회, 카라, 레이, 동물자유연대 등 동물보호단체를 통해 입양한다.
3. 고양이 카페나 관련 커뮤니티, 페이스북 고양이 관련 페이지나 그룹, 네이버 밴드 등에 들어가서 입양한다.
4. 동네 고양이 쉼터를 통해 입양한다.

첫째, 동물보호관리시스템 공고를 보고 입양하는 방법이 있다. 동물보호관리시스템은 동물보호법에 의거하여 운영된다. 유기동물 관리부터 동물등록에 이르기까지 동물보호 업무 전반을 각 지

방자치단체의 동물보호업무 담당부서와 연계하여 통합 운영하는 시스템이다. 동물보호관리시스템 사이트에서 유기 유실동물 게시판을 통하여 공고 중인 동물, 공고 기간이 끝나고 보호 중인 동물, 각 지역의 동물보호센터 안내에 이르기까지 유기동물 및 구조된 동물의 다양한 정보를 한눈에 볼 수 있다.

이마저도 귀찮다면? 네이버 등 포털사이트에 '유기동물보호센터'라고 검색하면 각 지역에서 보호 중인 동물들을 볼 수 있다. '지역명+유기묘'라고만 검색해도 공고 중인 동물들 정보가 바로 나온다.

또한 핸드폰으로 동물보호관리시스템의 공고를 쉽게 볼 수 있도록 도와주는 어플도 있다. 바로 포인핸드라는 어플이다. 포인핸드는 2013년 서비스를 시작하였으며 '사지 않고 입양하는 문화를 만듭니다'라는 슬로건을 내걸고 있다. 전국 각 지역에서 올라오는 동물들 공고를 실시간으로 정렬하여 보기 편하게 도와준다. 그리고 유기동물 상세정보 및 입양방법도 자세히 제공하며 개인이 실종, 보호, 목격에 관한 글을 올릴 수 있고 개인이 구조한 동물을 임보나 입양을 요청하는 글을 올릴 수도 있다. 많은 사람들이 포인핸드를 통해 입양하고 있으며 입양 후기도 볼 수 있다.

둘째로 동물보호단체를 통해 입양하는 방법이 있다.

한국고양이보호협회(www.catcare.or.kr)는 국내 최초 길고양이 보호단체이며 길고양이 구조 및 치료 지원, 학대 방지 캠페인 등을 진행하고 있다. 사이트 내의 길냥이 마을이라는 메뉴 하단에 협회에서 추진하는 입양 게시판이 있고 회원들이 자유롭게 글을 올리는 입양 게시판도 있다. 각 고양이에 대한 자세한 설명과 사진을 업로드 하기 위해 체계적인 양식을 갖추고 있으며 연령도 다양하고 모습도 제각각인 많은 고양이들의 정보가 게시판에 업데이트 되고 있다.

동물권행동 KARA(https://www.ekara.org)는 동물권 운동단체이다. 카라는 2014년 서울특별시 마포구 망원동 카라 더불어숨 센터 1층에 반려동물 입양카페 '아름품'을 열었다. 아름품에는 개도 있지만 고양이도 있다. 직접 가서 입양을 기다리는 동물들을 만나볼 수 있다. 또한 카라 사이트 내에도 입양 게시판이 별도로 있어 카라에서 보호 중인 동물을 입양할 수도 있고 한국고양이보호협회처럼 개인이 구조한 동물을 입양 보내는 게시판을 통해서도 입양할 수 있다.

동물권시민연대 RAY(https://blog.naver.com/ray_at_home)는 서울특별시 종로구에 입양센터를 운영하고 있다. 많은 고양이들이 각자의 사연을 품은 채 입양을 기다리고 있고 이곳 또한 방문하여 직접 아이들을 만나볼 수 있으나 반드시 방문 예약을 해야 입장이 가능하다. 블로그에는 입양을 기다리는 고양이에 대한 구조 사연 및 소개, 공고도 올라와 있어 해당 고양이에 대한 이해를 돕는다.

동물자유연대(https://www.animals.or.kr)는 경기도 남양주에 '반려동물복지센터 온'이라는 곳을 운영하고 있다. 이곳에서 구조 사연과 더불어 해당 동물에 대한 자세한 설명을 제공하고 있고 입양 또한 가능하다. 입양하기 게시판을 통해 입양 대기 동물들을 만날 수 있다.

셋째로 인터넷을 통해서 개인이 구조한 고양이를 입양하는 방법이 있다. 단체를 통한 입양이 부담스럽다면 개인이 구조한 동물들을 만날 수 있는 커뮤니티를 이용하면 된다. 네이버 카페 '고양이라서 다행이야'(https://cafe.naver.com/ilovecat)에는 입양 게시판이 따로 있는데 주로 개인이 구조하고 임시 보호하는 고양이들이 올라온다. 입양 보내는 주체가 개인인 만큼 입양 가능 지역과 입양 조건들이 다양하다. 네이버 카페 '길고양이 급식소'(https://cafe.naver.com/caretaker)는 캣맘, 캣대디들이 많이 이용하는 카페로, 급식소를 운영하다가 구조하거나 우연히 구조하게 된 많은 고양이들이 매일 입양 게시판에 올라온다. 위의 카페 외에도 고양이 커뮤니티마다 입양 게시판이 있고 이곳을 통해서 입양하는 방법도 있다. 또한 페이스북에도 길고양이나 유기동물 입양에 관련된 그룹, 페이지가 많다. 그리고 네이버 밴드에 길고양이 입양에 관한 밴드에 가입하여 입양할 수도 있다. 인스타그램에 '#길

고양이입양'으로 검색하면 개인이 홍보하는 입양 글도 많으므로 인스타그램을 보고 입양하는 것도 한 가지 방법이다.

마지막으로 쉼터를 통해 입양하는 방법도 있다. 일반인은 모르지만 우리도 모르는 집 근처 곳곳에 고양이 쉼터가 있다. 대개 고양이 쉼터들이 주소지를 공개하지 않고 남모르게 운영하는 이유는 민원 때문이기도 하지만 가장 큰 이유는 쉼터에 동물을 유기하는 것을 방지하기 위함이다. 쉼터 주소가 알려지면 그곳에 키우던 동물을 유기하는 사람이 너무 많아서 쉼터가 운영이 어려울 정도로 포화상태가 된다고 한다. 우리 동네 고양이 쉼터는 그래서 요리조리 검색해보고 찾아보는 노력이 필요하다. '지역명+고양이 쉼터'로 검색을 해보면 쉼터에서 운영하는 페이지나 블로그, sns 등이 나올 것이다. 쉼터에는 많은 고양이들이 지내고 있고 입양 문의를 하면 직접 방문하여 입양을 기다리는 동물들을 만나볼 수도 있다. 당장 입양을 생각하지 않더라도 쉼터로 봉사활동을 가보자. 봉사활동 내용은 주로 쉼터를 청소하고 관리가 필요한 동물의 케어를 돕는 일이다. 봉사활동을 다니다 보면 어느 날, 혹은 서서히 내 마음에 파바박 박히는 그런 운명 같은 묘연을 가진 고양이를 만나게 될지도 모른다.

임보: 임시지만
따뜻한 보호처가 되어줄게요

임보: 임시지만
따뜻한 보호처가 되어줄게요

임시 보호란 말 그대로 임시로 동물을 보호해주는 것을 말한다. 보통 줄여서 임보라고 한다. 구조부터 입양 시까지 임시로 동물을 보호하는 것을 뜻하는데 수유가 필요한 한 달 미만의 작은 고양이들을 돌보는 것은 수유 임보라 한다. 나는 주로 수유 임보를 해왔다. 아프거나 특별한 집중 케어가 필요한 고양이의 경우 이를 치료하거나 교정 및 관리해주는 것도 임보의 한 과정이다. 안정적인 가정환경에서 적응하도록 돕고 편안히 치료받을 수 있도록 하되 고양이의 소유권은 구조자 혹은 임보를 맡긴 단체에게 있는 것이 특징이다. 많은 동물보호단체에서 임시 보호 프로그램을 운영하고 있고 고양이 카페나 포인핸드에도 임시 보호 요청이 많이 올라온다.

입양은 무거운 책임이 뒤따른다. 내가 온전히 이 생명의 불씨가 꺼질 때까지 책임질 수 있을 것인가 확신이 서지 않는다면 일단 임시 보호부터 해보는 것을 추천한다. 또한 입양 전제 임보라는 것도 있다. 일정기간 임시 보호해보고 이 동물을 입양할지 말지 결정하는 것이다. 관심 가는 동물이 있는데 나와 잘 맞을지, 아니면 기존 동물과 합사가 잘 될지 망설여지는 부분이 있다면 입양 전제 임보를 해보는 것도 좋다.

유기 동물이나 구조 동물을 주로 임시 보호하는데 그 시작은 구조에서부터다. 구조자가 따로 있고 임시 보호만 할 수도 있지만 한 사람이 구조부터 임시 보호까지 다 하는 경우도 있다. 한 사람이 직접 구조하고 임시 보호하면서 입양까지 보내는 경우는 흔하지는 않다. 구조자나 구조단체로부터 임시 보호를 신청하려면 간단한 양식의 임시 보호 신청서를 작성하고 심사를 거쳐 임시 보호를 맡게 된다.

임시 보호자는 맡은 동물이 안전하게, 또한 편안함을 느낄 수 있도록 보호 및 관리를 할 의무가 있다. 보호소나 기타 다른 환경보다 더 나은 환경을 제공할 수 있도록 노력해야 하며 입양을 준비하는 단계이므로 해당 동물을 사람 친화적으로 순화시키려는 노력도 해야 한다. 배변을 실내에서 실수없이 해낼 수 있도록 쾌적한 화장실 등을 제공해주고 사람과 어울려 살 수 있도록 몇 가지

규칙을 알려주어야 한다. 무는 행동이 있다면 무는 행동을 줄이는 훈련을 해야 하고 배변 실수가 있다면 원인을 파악해 배변을 정해진 곳에서 할 수 있도록 훈련을 시켜야 한다. 가구를 긁지 못하게 하며 준비된 스크래처만 사용해야 함을 알려줘야 하기도 한다.

그리고 임보자는 입양을 위해 해당 동물의 예쁜 사진과 동영상을 열심히 찍어야 한다. 구조자에게 동물이 잘 지내고 있음을 수시로 알려주어야 하기 때문이기도 하지만, 무엇보다 입양 글에 올라갈 사진과 동영상이 필요하기 때문이다. 많은 동물들이 인터넷 공고나 게시물을 통해 입양이 된다. 여기에 올라갈 고양이의 사진과 동영상은 매우 중요하다. 고양이의 장점이나 예쁜 외모가 부각되고 도드라지게 찍어야 보다 수월하게 입양을 갈 수 있다. 사진이나 동영상과 더불어 입양 글에 반드시 들어가야 하는 부분이 있다. 바로 해당 동물의 특성이다. 임보자는 해당 동물의 습성이나 행동을 주의 깊게 관찰하고 이러한 특징이 있음을 구조자에게 자세히 알려주어야만 구조자가 보다 정확하고 상세하게 입양 글을 작성할 수 있다. 습성이나 특징을 자세하게 적어놓으면 예비 입양자는 그 동물을 더욱 더 잘 이해하고 입양할 수 있어 파양할 확률도 줄어든다.

이처럼 임시 보호는 입양보다는 부담감이 적지만 그렇다고 해서 쉬운 일은 아니다. 한 생명을 자신의 책임 하에 보호하고 관리하는 것을 결코 가볍게 생각해서는 안 된다. 신중해야 한다.

첫째, 비용이 들 수 있기 때문이다. 구조자나 구조단체가 사료나 모래 비용을 지원해주는 경우도 있지만 지원하지 않는 경우도 있다. 이 경우 임보자가 해당 동물에 드는 비용을 전액 마련해야 한다. 아니면 사료값이나 모래값은 지원하지 않지만 병원비만 지원하는 경우도 있다. 지원 여부는 반드시 임시 보호 전에 작성해서 상호 간 교환하는 임시 보호 계약서에 반드시 명시해두어야만 구조자와 임보자 간에 갈등을 줄일 수 있다. 사료값, 모래값, 병원비 등 비용을 전액 지원을 받는다 해도 그 외 문제가 생길 수도 있다.

둘째, 정신적, 신체적 피로가 있을 수 있다. 해당 동물이 잘 지내는지 항시 잘 살펴야 하고 임보자의 의무를 다 하려면 많은 주의와 노력이 필요하다. 만약 임보 고양이가 무는 습성이 있어 심하게 물렸는데 임보자에게 별도 치료비가 들고 파상풍 주사를 맞아야 한다면 이 비용도 청구 가능할까? 임보 고양이가 우리 집 물건을 파손했다면? 임보 고양이가 아무 데나 소변을 보아서 집안에 소변 냄새가 진동을 한다면? 이불에 소변이나 대변을 본다면? 이럴 때 생기는 정신적, 신체적, 혹은 때로는 금전적 피해는 어떻게 할 것인가? 이런 부분까지 미리 생각해두어야 임시 보호 시 당황하지 않을 수 있다.

수유 임보는 어떻게 하나요

수유 임보는 어떻게 하나요

생후 한 달 미만의 수유가 필요한 아기 고양이들을 이유식 먹을 때까지 혹은 건사료 먹을 때까지 보호하는 것이 수유 임보다. 생후 한 달 이상의 고양이들을 임시 보호하는 것과는 다른 아주 세심한 케어가 필요하다. 수유 임보를 하고자 한다면 개인 구조자가 고양이 커뮤니티에 수유 임보자를 구한다고 올린 글을 보고 데려올 수도 있고, 보호소에서 데려오는 방법도 있다. 보호소에서는 직원이 한 아기 고양이를 전담하여 2시간에 한 번씩 수유하는 것이 거의 불가능하므로 수유가 필요한 고양이는 보호소에 들어와도 바로 안락사되는 경우가 있다. 또는 보호소 측에서 최대한 돌보아도 적절한 케어를 받지 못해 자연사하는 경우도 많다. 따라서 보호소에 들어온 수유기 고양이를 데려오는 것도 좋다. 공고를 보고 방문하기 전에 보호소에 전화해보아야 한다. 보호소나 지자체마다 입양방법이나 임시 보호 절차와 방법이 다르기 때문이다.

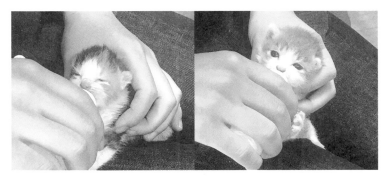

보호소에서 데려온 아기 고양이를 수유하는 모습

아기 고양이 나이 추정 방법

아기 고양이의 탯줄이 안 떨어졌다면 생후 1일~5일 사이로 본다. 탯줄이 마르지 않았다면 생후 1일~2일이고 2일이 지나면 탯줄이 마른 상태로 아기 고양이의 배꼽에 붙어있다. 그리고 4~5일경에는 탯줄이 떨어진다. 탯줄은 저절로 떨어지므로 절대 억지로 떼지 않도록 한다. 눈은 생후 10일~14일 사이에 뜬다. 30일령이 되면 정상 시력을 갖춘다. 귀는 접혀 있다가 자라면서 점점 펴져 완전한 세모꼴을 갖춘다. 귀는 생후 9일에 외이도가 열리며 4~6주령에 정상 청력을 가진다. 눈을 뜨고 귀가 약간 세모난 모양을 갖추었다면 3주령으로 본다. 3주 차는 작게 앞니가 나기 시작한다. 이빨이 자라는 순서는 앞니-송곳니-어금니 순이다. 4주 차는 송곳니가 나고 잘 걷기 시작한다. 생후 7~14일에는 기어 다니고 14~21일에는 잘 걸어 다니기 시작한다. 몸무게로 유추하는 방법도 있다. 출생 직후에는 보통 50~80g이며 생후 1주 차는 100g대, 2주 차는 200g대, 3주 차는 200~300g대, 4주 차는 300~400g대이다. 몸무게는 매일 10g 정도 늘어나면 정상적으로 잘 자라고 있는 것으로 볼 수 있다.

생후 10일~14일쯤 되면 눈이 조금씩 떠진다

분유 수유, 트림, 배변유도 방법

분유 온도는 36~38도가 적절하다. 분유는 kmr, 페베, 락톨, 키티락 등 제품을 사용한다. 분유와 물의 비율은 분유통 겉면의 설명서대로 타면 된다. 제조사마다 비율이 조금씩 다르므로 반드시 확인하고 타야 한다. 질병에 의한 설사를 제외하고, 변이 너무 굳으면 물의 비율을 높이고 변이 너무 무르면 물의 비율을 줄여준다.

나는 주로 kmr과 페베를 많이 쓴다. 주사기로 먹이는 것은 그다지 권하지 않고 실리콘 젖꼭지가 달린 젖병을 주로 사용한다. 젖병은 벨버드, 비어파, 펫에그 등의 제품이 주로 사용된다. 고무젖꼭지는 구입 시 막혀있으므로 쪽가위로 젖꼭지 끝을 십자가 모양으로 잘라 구멍을 내어준다. 처음에는 구멍을 작게 냈다가 뒤집었을 때 분유가 방울방울 떨어지는지 확인해보고 구멍이 너무 작으면 조금씩 크게 내어주면 된다.

주의할 점은 저체온의 아기 고양이에게 수유할 경우, 장폐색이 올 수 있다. 그러므로 정상체온으로 올려준 후 급여를 시작해야 한다.

분유를 먹일 때 고양이가 엎드린 자세인 원래 엄마 고양이 젖을 먹는 자세로 먹여야 한다. 사람처럼 눕혀서 먹이면 안 된다. 그리고 젖병을 억지로 짜지 않아야 한다. 고양이가 스스로 빨면 젖병 안의 분유는 자연스럽게 줄어든다. 아기 고양이가 스스로 빨아먹어야 기도로 분유가 넘어가서 생기는 오연성 폐렴을 방지할 수 있다.

생후 4일 정도된 아기 고양이 수유 모습

분유를 다 먹이고 한 손을 고양이 배 쪽에 댄 후 다른 손으로는 등을 쓸어주면 트림을 한다. 배 쪽에 댄 손으로 트림하는 것을 느낄 수 있다. 트림을 안 할 수도 있으므로 여러 번 시도한 후에도 트림을 하지 않는다면 그만 해도 된다. 그 다음으로는 배변 유도를 한다. 따뜻한 물을 적신 물티슈로 항문과 생식기 부분을 톡톡톡 자극을 준다. 절대 세게 문지르면 안 된다. 피부가 상해서 배변할 때마다 아파할 수도 있다. 몇 번 자극을 주면 소변이나 대변을 보는데 소변과 대변을 동시에 보지 않고 따로 배설하므로 소변을 다 받아낸 후 대변도 볼 수 있도록 조금 더 자극해보고 마지막엔 뽀송뽀송하게 마무리한다. 자발적인 배뇨는 3주령부터 가능하므로 그 전에는 반드시 시간에 맞춰 배변 유도를 해주어야 한다.

기타 케어 시 주의할 점

아기 고양이를 돌볼 땐 위생이 무엇보다 중요하므로 항상 청결한 환경을 만들어주어야 한다. 설사나 오물이 묻으면 따뜻한 물을 적신 물티슈 등으로 닦아내야 하고 깔아놓은 패드나 담요는 깨끗한 것으로 갈아주어야 한다. 그리고 엄마 고양이가 오래 돌본 고양이일수록, 엄마 고양이와 떨어진 지 얼마 안 되어 빠른 시간 내에 구조될수록 생존확률이 높다.

아기 고양이 정상 체온	
2주령 미만	35~37도
2~3주령	36~38도
3~4주령	37~38.4도
4주령 이후~성묘	38~39.2도

아기 고양이에게 필요한 주변 환경 온도	
1주령	32~34도
2주령	27~29도
3주령	24~27도
4주령 이후	24도

아기 고양이는 생후 4주까지 스스로 체온을 조절할 수 없다. 생후 일주일 미만은 36도 정도가 정상 체온이며 주변 환경을 반드시 따뜻하게 유지시켜주어야 한다. 만약 체온이 35도 미만이면 위험하므로 젖어있다면 빠르게 말리고 따뜻하게 해준다. 항문 체온계로 체온을 측정할 때에는 멸균 윤활젤(루브겔)을 사용하도록 한다. 없을 시 바세린도 사용 가능하다.

항상 따뜻한 환경을 유지해주어야 하기 때문에 나는 주로 전기방석을 사용한다. 또한 저온화상을 입지 않도록 바닥에 담요나 수건 등을 깔아 둔다. 전기방석을 사용할 경우 주변 환경이 건조해질 수 있기 때문에 가습기를 틀어준다. 습도는 55~60%가 적당하다. 건조한 환경은 탈수 및 호흡기의 건조증을 유발할 수 있다. 호흡기 질환이 있는 아기고양이는 특별히 신경을 써야 한다. 고양이의 정상 호흡수는 신생 고양이의 경우 10~18회/분, 1주령 이후의 고양이는 15~35회/분이다. 수면 중 호흡수가 높다면 호흡기 질환을 의심해볼 수 있다.

생활용품점에서 1kg까지 잴 수 있는 주방용 저울을 구입하여 매일매일 몸무게를 재어서 기록하면 잘 자라는지 확인할 수 있다. 수유한 시간을 잊을 수도 있으므로 아래 표처럼 수유 시각, 수유량, 몸무게 등을 함께 기록하면 좋다. 몸무게는 하루에 한 번, 동일한 시각에 재서 기록하면 된다.

날짜	수유시각	수유량	몸무게
0월 00일	13:00	15ml	000g
	15:00	10ml	

연령별 케어방법

연령	1회 수유량	수유 간격
0~1주	분유 2~6ml	2시간
1~2주	분유 6~10ml	2~3시간
2~3주	분유 10~14ml	3~4시간
3~4주	분유 14~18ml	4~5시간
4~5주	이유식 or 분유20ml	5~6시간
5~8주	이유식 or 건사료	하루 3~4회

4주 차부터 화장실 교육을 시작한다. 화장실의 턱은 3cm정도로 낮게 만들어 준다. 일반 신문지 위에 모래를 깔아주어도 된다. 화장실은 물, 음식과 떨어진 곳에 놔둔다. 식후 또는 수면 후 화장실로 옮겨주는 배변훈련을 한다. 5주 차가 되면 이유식을 시작한다. 이유식은 캔, 불린 사료, 파우치 등으로 급여한다. 양은 한 번에 고양이가 먹고 싶은 대로 양껏 먹을 수 있게 준비한다. 분유가 아니

라 이유식을 먹게 되면 물을 마실 수 있도록 깨끗한 물을 준비해준다. 5~6주간 불린 사료를 점차 덜 불려서 주는 방법으로 건사료에 적응시킨다. 7주 차가 되면 건사료를 먹을 수 있으므로 건사료를 급여한다. 8주 차는 대부분 800g이 넘어 예방접종이 가능해지므로 1차 예방접종을 시작한다.

입양은
어떻게 보내나요

입양은
어떻게 보내나요

　조금만 관심을 갖고 찾아보면 고양이 카페나 유기동물보호소 공고에서 입양을 기다리는 수많은 구조묘, 유기묘들을 볼 수 있다. 어떤 개체는 빨리 입양을 가기도 하지만 어떤 개체는 한없이 누군가의 선택을 기다리기도 한다. 이 차이는 어디서에서 오는 걸까?

　누구나 건강하고 예쁜 고양이를 입양하기를 원한다. 첫째로 건강해야 하며 둘째로 예뻐야 한다. 반드시 예쁜 고양이만이 예비 입양자의 선택을 받는 것은 아니지만 예쁘기 때문에 건강하지 않아도 입양되는 경우가 있으니, 고양이계에서도 외모는 중요하다. 입양 보낼 고양이가 있다면 무엇보다 사진을 예쁘게 찍어야 한다. 유기동물 공고에서도 사진이 매우 중요하게 작용한다. 한 장의 사진만으로도 고양이에게 마음을 빼앗겨 먼 거리에서도 고양이를 입양하러 단걸음에 달려오기 때문이다.

입양을 기다리는 고양이가 있을 때, 고양이의 특성을 작성할 때 사실대로 작성해야 한다. 사실대로 적지 않을 경우 입양 되어도 파양 될 수도 있다. 건강사항 또한 병력을 사실대로 적어야 추후 건강상 문제가 발생했을 때 적절한 처치를 받을 수 있다. 고양이의 특성을 작성하는 부분도 매우 신중하고 솔직하게 작성하려 하지만 사진에도 신경을 많이 쓴다. 그렇다고 사진을 수정해서는 안 된다. 어떻게 찍어야 이 녀석의 귀여움과 장점을 부각해 찍을 수 있을까 매번 고민한다. 그렇게 약 백여 장의 사진과 동영상을 찍어본 후에야 입양을 위한 사진을 신중하게 고르고 입양 글을 작성한다. 이런 과정을 거치면 입양 갈 고양이의 귀여움에 반해 글을 본 많은 사람들이 연락을 해온다. 그러면 그들 중에서 해당 고양이를 가장 잘 케어할 수 있다고 판단되는 적합한 입양처를 골라 보내면 된다.

　만약 직접 고양이를 구조하였거나 임시 보호하다가 입양을 보내고자 한다면 일단 고양이의 기본 검진을 해야 한다. 전염병은 없는지 건강상태가 어떤지 자세히 입양 글에 명시해야 한다. 아픈 고양이라면 기본적인 치료는 해주어야 한다. 결약염이라면 안약을 넣어주어 눈을 치료하고 보내고 피부병이라면 그에 맞는 처치를 하여 피부병을 다 치료하고 보내야 한다. 그러고 나서야 입양 전선에 뛰어들 수 있다. 아프고 병든 고양이라면 누구든 선뜻 입양하기 어려울 것이기 때문이다. 성묘의 경우라면 중성화 수술을 해서 보내는 것이 좋다. 찾아보면 길고양이 중성화 수술을 할인해주는 병원이 있다. 중성화 수술을 안 하고 보내면 집안 곳곳에 소변 스프레이를 할 수도 있고 경우에 따라 어떤 입양자는 고양이를 계속 임신시켜서 새끼 고양이를 여러 번 낳게 할 수도 있기 때문이다. 순서대로라면 건강 상태가 준비 완료된 후 그 다음에, 고양이의 사진과 동영상을 예쁘게 찍어야 한다.

고양이의 특징과 습성에 대한 서술도 매우 중요하다. 개개인의 성향과 라이프 스타일에 맞는 고양이를 찾아야만 파양 확률을 줄일 수 있기 때문이다. 고양이들마다 성격이 다 다르다. 어떤 고양이는 매번 어루만져주어야 하고 계속 사람과 같이 있어야만 만족감을 느끼는 일명 개냥이라면, 어떤 고양이는 다소 독립적이지만 보호자의 케어에 잘 따르는 고양이일 수도 있다. 우리 고양이 쵸비가 이런 편인데 발톱 깎을 때나 목욕할 때 등 케어가 필요할 땐 온순한 편이다. 뽀뽀 등 스킨십은 싫어하지만 비교적 잘 참아준다. 이런 식으로 자세히 써주면 고양이의 특성을 잘 파악하고 입양할 수 있기 때문에 외모만 보고 입양했을 때 파양되는 불상사를 줄일 수 있다.

그 다음은 열심히 작성한 입양 글을 곳곳에 올리면 된다. 일단 고양이 관련 커뮤니티를 다 찾아서 가입한다. 네이버 카페 '고양이라서 다행이야', '고사모', '길고양이 급식소' 등에 가입해서 입양 글을 작성한다. 카페마다 요구하는 양식이 제각각이므로 반드시 입양 절차와 양식을 확인한 후 작성한다. 앞서 말한 카페에서는 입양이 활발하다. 회원 수가 많고 규모가 큰 고양이 카페 중 '냥이네'가 있는데 이 곳은 입양 글 작성이 금지이므로 논외로 한다.

'한국고양이보호협회' 사이트에 가입하여 회원 입양 게시판에 양식에 맞추어 입양 글을 작성할 수도 있다. 어플 '포인핸드' 또한 입양 및 입양 홍보가 활성화된 곳이다. 예비 입양자들은 이곳을 많이 보기 때문에 이곳에도 입양 글을 올린다. 다만 포인핸드에는 유기동물임을 증명하는 링크 등을 입력해야 하기 때문에 이를 반드시 입력하도록 한다.

그리고 지역마다 활성화된 밴드가 있다. 전국에 있는 입양자를 대상으로 할 수도 있지만 거리와 이동이 부담된다면 각 지역의 네이버 밴드를 가입해서 고양이 입양자가 있는지 찾아볼 수도 있다. 그리고 페이스북 그룹이나 페이지에도 올려야 한다. 페이스북에서도 고양이 입양이 잘 된다. 해당 지역의 전해드립니다 페이지나 고양이 관련 페이지에도 올린다. 이렇듯 홍보는 광범위하게 해야 한다. 그래야 해당 고양이가 지내기에 적합한 곳에 입양 보낼 수 있다.

이렇게 입양 글을 올리면 여기저기서 연락이 올 것이다. 이때 아무에게나 서둘러 보내지 말고, 입양 보낼 때 한국고양이보호협회에서 제공하는 입양 계약서를 반드시 쓰는 것이 좋다. 사전에 가족 구성원이나 주거형태 등 고양이의 환경에 대해 최소한으로만 물어보도록 한다. 반려동물을 키워본 경험이나 고양이에 대해서 얼마나 아는지 정도만 묻고 불필요하고 너무 자세한 개인정보는 캐묻지 말아야 한다. 입양 보낼 고양이에 대해 더 궁금한 점이 있다고 한다면 더 적극적으로 대답해주면서 대화를 한다. 가정방문이라는 절차도 있는데 이는 상황에 따라 생략할 수도 있다. 가정방문은 고양이가 지낼 환경 즉, 예비 입양자의 집에 고양이 입양 시 직접 데려다주면서 환경을 보는 것인데 원거리라면 집 사진과 준비된 물품 사진으로 대체할 수도 있다. 대부분의 입양자들은 가정방문과 입양 계약서 작성에 흔쾌히 동의해준다. 입양자가 정해지면 연락을 주었던 다른 예비 입양자들에게 반드시 양해를 구하는 연락을 해야 한다. 간혹 입양 보낼 사람이 제대로 연락을 주지 않아 예비 입양자가 하염없이 그 고양이의 입양을 기다리게 되는 경우도 있기 때문이다. 입양자가 결정되면 입양 날 및 장소는 상호 합의 하에 결정하면 된다. 입양 계약서는 입양 날 만나서 1부씩 나눠가지면 된다.

임보시 주의할 점

임보시 주의할 점

구조자와의 관계

많은 임보자들이 구조 사연이 딱해서, 구조된 고양이가 안쓰러워서 이런저런 이유로 임보를 시작하게 된다. 그런데 임보 과정에서 가장 많이 겪는 일이 구조자와의 갈등일 거라 생각된다. 그런 사례가 너무나도 많다. 내가 겪은 것만 해도 여러 건이다. 갈등 사례 중에 가장 대표적이고 흔한 일은 구조자의 연락두절이다.

임시 보호에는 비용이 발생한다. 임보 고양이가 아프면 병원에도 데려가야 하고, 고양이가 먹고 싸는 데에 사료값과 모래값 등이 필요하다. 어디나 그렇듯 이 돈 때문에 갈등이 생긴다. 구조자나 구조단체는 처음부터 비용 지원이 안 된다고 말하기도 한다. 그러나 임보를 맡기는 과정에서 비용 부담 문제를 명확히 하지 않으면 추후에 반드시 문제가 발생한다. 나의 경우는 대부분 사료값과 모래값, 분유값 등은 지원받지 않았다. 즉 기본적으로 먹고 싸는데 드는 비용은 청구하지 않았다는 말이다. 그러나 고양이가 아프면서 별도 비용이 발생하면 먹고 싸는 데에 드는 비용과는 단위가 달라지게 된다. 양심이 있는 구조자라면 최소한 치료비는 지원을 해주어야 한다. 사료값과 모래값과 같은 푼돈에 줄행랑치는 구조자도 있기는 하다. 고양이가 불쌍해서 당신에게 임시 보호를 맡기긴 하겠지만 단한 푼도 줄 수 없다는 입장인 경우다. 이 경우 가장 빠르게 연락이 두절된다. 임보자가 고양이의 향후 거취 문제와 입양까지 모든 부담을 혼자 다 떠안게 된다. 개인 구조자도 무책임하지만 단체나 쉼터의 임시 보호도 간혹 이러하다 하니 임보 전에 임시 보호 계약서라는 것을 쓰는 것이 구조자도 임보자도 각자의 입장에서 안전하다. 서로 원하는 조건이 맞지 않으면 임시 보호를 하지 않으면 된다.

내가 겪은 일 중 가장 황당했던 일을 말하자면, 라온이라는 고양이 구조자를 꼽을 수 있다. 라온이는 초기에 동물병원에 갔을 때 비용이 25,000원이 나왔다. 동물병원 방문 금액 중 매우 적은 편에 속하는 금액이다. 이 영수증을 보여주며 구조자에게 지원해달라고 했더니 아내와 상의해보아야 한다는 내용의 메시지를 마지막으로 연락이 두절되었다. 라온이가 아픈 동안 동물병원에 줄기차게 드나들었고 그 과정에서 쓴 돈은 결코 적지 않았지만 온전히 나 혼자서 부담해야 했다.

다른 고양이를 키우고 있다면 제일 주의해야 하는 것은 임보 올 고양이의 전염성 질병 보유 여부이다. 기존에 다른 고양이를 키우고 있는데 임보 오는 고양이가 전염성 질병을 가지고 있어 우리 집 고양이에게 옮긴다면 치료비도 두 배로 들고 괜한 고생을 두 배로 한다. 자칫 범백과도 같은 치명적인 질병을 가지고 들어온다면 키우던 고양이까지 감염될 수 있다. 그래서 구조자는 임시 보호를 보내기 전에는 항상 기본 검진을 해서 보내야 한다. 임보자도 반드시 기본 검진을 받은 고양이를 임보 맡아야만 한다. 기본 검진으로는 귀 진드기, 내·외부 기생충, 분변검사, 범백 키트 검사 등이 있다. 그리고 기본 검진을 했어도 고양이범백혈구감소증이라는 무서운 전염성 질병의 잠복기인 2주는 증상과 관계없이 반드시 기존 고양이와 격리하는 것을 추천한다.

한 번은 이런 일이 있었다. 구조자가 고양이는 매우 건강하고 기본검진을 다 받았다며 임보를 맡겼는데 알고 보니 그 고양이는 곰팡이성 피부병의 일종인 링웜을 앓고 있었다. 구조된 고양이들은 링웜의 무증상 보균자일 수 있다. 이런 경우 피부 병변은 없지만 다른 고양이를 감염시킬 수도 있다. 고양이 링웜은 진균, 즉 곰팡이의 일종인 피부 사상균으로 인해 발병한다. 주로 접촉에 의해 감염되고 동물에게서 사람으로도 전염이 된다는 특징을 가지고 있다. 인천에서 왔던 그 아기 고양이는 초기에는 정말 잘 놀고 잘 먹고 잘 싸서 건강해 보였다. 그러나 얼마 후 아기 고양이 다리 쪽 털이 숭덩 빠지더니 크게 링웜 병변이 보였고 우리 집 고양이 쵸비도 귀 근처를 세게 긁기 시작했다. 그리고 쵸비의 귀 근처로 각질이 일어나며 털이 숭덩숭덩 빠지기 시작했다. 문제는 나도 링웜이 옮아 동그랗고 빨간 병변이 온몸 곳곳에 나타났다는 점이었다.

아기 고양이는 치료해야 입양을 보낼 수 있다. 당장 쵸비와 나도 치료를 해야 했다. 고양이들은 각각 몸무게에 맞게 먹는 약을 처방받았다. 고양이들에겐 약을 먹이기도 하고 약을 발라주기도 하였다. 약욕도 시켜주었는데 쵸비는 드라이기 소리를 끔찍이도 싫어해서 약욕을 하다가 포기하고야 말았다. 약욕은 목욕을 마치고 드라이기로 물기 하나 없이 바싹 말려주는 것이 중요한데 쵸비는 드라이기만 나타나면 아우우웅 하고 도망가 버렸기 때문이다.

링웜을 옮겨준 인천에서 온 임보 고양이

고양이들은 그렇게 케어해 주었지만 정작 사람인 나는 동네 피부과에 갔을 때 제대로 처치를 받지 못했다. 요즘 피부과는 미용시술을 주로 봐주어서 그런지 피부병에 대해서는 잘 모르는 것 같았다. 고양이 링웜이 옮았다고 했더니 가려움 연고를 처방해주고 먹는 약도 달라고 했더니 염증약을 주었다. 그렇게 3일간 연고를 발랐는데 전혀 나아지질 않고 얼굴까지 링웜 병변이 퍼져 스트레스를 받던 중 다른 피부과를 추천받아 갔다가 링웜을 알아보는 피부과 전문의를 만나게 되었다. 곰팡이성 피부병을 치료하기 위해 먹는 약이 독하다며 혈액검사를 권하여 혈액검사도 하고 유황 비누로 병변 부위를 자주 씻어내라 하여 유황 비누도 구입했다. 인터넷에 검색해보니 라미실[1]이라는 바르는 약이 잘 듣는다기에 라미실을 사서 고양이와 나도 같이 발랐다.

곰팡이성 피부병을 특정하고 나서 약을 먹기 시작한지 삼 일째에 가려움도 덜 해지고 붉은 병변이 갈색으로 점차 바뀌는 것이 보였다. 맞는 약임을 확신하고 라미실도 열심히 바르고 먹는 약도 꾸준히 먹어 더는 번지지 않았다. 붉은 부위는 점점 갈색으로 변하였고 나중에는 희미한 갈색 원모양 자국만이 남았다.

문제는 고양이들이었다. 연고를 발라두고 핥지 못하게 넥 카라를 해야 했는데 너무 답답해서 고생했다. 먹는 약도 먹기 싫어

---

1) 라미실은 동물용으로 허가된 약품이 아닙니다. 따라서 링웜을 치료하실 때는 동물에게는 라미실을 사용하지 않으시길 권장합니다.

해서 억지로 입을 벌리고 목구멍에 가깝게 쏙 알약을 넣어준 후 코 쪽에 바람을 후 불어주니 꿀떡 삼켰다. 그렇게 약을 바르고 먹고 한 달이 지났을까. 사람이나 고양이나 다 나아가고 있었는데, 마침 링웜을 옮겨 준 그 아기 고양이 입양처가 결정되었다. 입양처에 이미 고양이가 있었고 둘째로 들어간다고 했다. 입양 전에 곰팡이성 피부병 병력을 미리 누차 말했고 이에 입양자도 이해하고 동의한 상태였다. 그렇게 입양이 가고 일주일이 지났는데 기존에 키우던 첫째 고양이에게 링웜 증상이 나타났다. 입양자는 링웜을 옮겼다며 아기 고양이를 파양하겠다고 했다. 링웜은 전염성이 강하다. 심지어 링웜 포자가 담요, 빗, 케이지 등에 붙어 있다가 완치 되었다가도 재감염 될 수도 있는 질병이다. 어쩔 수 없이 아기 고양이는 링웜 균 때문에 파양되어 돌아왔다. 다행이도 쵸비와 나, 아기 고양이에게는 다시 링웜이 재발하지는 않았고 병변이 완전히 안정화된 후 입양을 재추진했다.

두 번째 입양처는 링웜에 대해 잘 알고 있었고 재발해도 잘 케어하겠다는 약속을 여러 번 받아내고서야 입양 보냈다. 꼭 링웜뿐만 아니라 전염성 질병에 대해서는 언제나 조심해야 한다. 나와 내 고양이를 지키기 위해서는 반드시 전염성 질환 여부를 체크한 후에 임보 해야 한다.

임보자는 대개 임보만 하고 입양 보내는 과정에는 거의 관여하지 않기도 한다. 그러나 나의 생각은 다르다. 임보자는 해당 동물의 성격, 습성, 행동에 대해 가장 잘 아는 사람이다. 동물의 소유권이 있는 구조자나 구조단체가 아는 것보다 더 많은 것을 알 수도 있다. 임보를 하면 가장 가까이에서 오랜 시간을 함께 보내게 되기 때문이다. 따라서 반드시 임보자는 입양 과정에 적극적으로 참여해야 한다고 생각하며 나 또한 입양 과정을 주도적으로 추진했다. 아는 사람에게 입양 보내면 아주 좋겠지만 그게 그리 쉽지가 않다. 이상적인 입양처에 보내려면 인터넷 커뮤니티 곳곳에 입양 글을 올리고 입양 홍보도 하게 되므로 많은 사람들이 글을 보고 연락을 준다. 그런데 정말이지 '다양한' 사람들이 연락을 준다. 입양 글에 명시해 둔 입양 조건에 맞지 않는 사람이 입양하겠다며 우기는 연락도 있고 책임비를 깎아달라는 사람도 있다. 책임비는 대개 5만 원인데 입양 시에 임보자나 구조자에게 주었다가 추후 중성화 수술을 하면 전액 그대로 돌려주는 돈이다. 그것조차 아까운 것일까. 문자로 얘기 나누다가 갑자기 연락 두절되는 것은 예사다. 입양 약속을 하고 입양 계약서를 쓰기로 했는데 입양 당일에 연락 두절된 적도 있다. 입양 계약서를 쓰지 말자고, 조건이 너무 까다롭다는 시비조의 연락도 있었다.

이 모든 난관을 헤치고 입양이 성사되기만 하면 다행일까. 그 다음은 파양이다. 내가 임보 했던 꽃점이의 경우 입양한 보호자가 전셋집에 살았는데 사전에 고양이를 키워도 되는지 집주인에게 허락을 받지 않아 추후 집주인에게 입양 사실을 들키고 파양 당했다. 파양보다 더한 최악의 경우는 입양 후 잃어버리거나 유기하는 경우다. 이렇듯 입양자와의 관계도 어렵고 입양 과정 전반이 참으로 어렵다. 그러나 입양 과정에서 임보자는 언제나 중요한 역할을 해야 한다는 생각은 변함없다.

고양이를 임시 보호 하다보면
슬픈 일도 있어요

고양이를 임시 보호 하다보면
슬픈 일도 있어요

고양이 임시 보호를 시작하고 나서 다양한 사람들을 만났고 많은 고양이들을 만났다. 기쁘기도 하고, 슬프기도 했다. 그런데 임보 과정에서 무엇보다 가장 슬픈 일은 임보 고양이가 아프거나 죽는 것이다.

삼백이 이야기

삼백이는 일명 냥줍을 했다며 아무나 가져가 달라는 글을 보고 데려온 고양이이다. 글에 올라온 사진 속 삼백이 모습이 심각해 보였다. 구조자는 체온조절도 잘 안 되는 생후 한 달쯤 된 새끼 고양이를 방치해두고 어린 자녀들이 조물거리게 두었던 것 같았다. 사진 속 삼백이는 동공에 초점이 없어 눈의 순막이 반 이상 올라온 상태였다.

늦은 밤 남자 친구의 차를 타고 목동까지 갔는데 구조자는 시간 약속도 어겼고 아주 작은 종이봉투에 덜렁 고양이를 데리고 나왔다. 보통은 수건이나 담요로 고양이를 감싸주는데 그런 것도 없었다. 한눈에 봐도 고양이의 상태는 안 좋아 보였다. 집으로 돌아가는 길에 구조자에게 연락을 했다.

"고양이 상태가 너무 안 좋아 보여요. 데리고 있으실 땐 어땠나요?"
"제가 데리고 있었을 땐 건강했는데요. 이상하다."
"분유는 뭐 먹이셨어요?"
"분유 안 주고 우유 줬어요."
"사람이 먹는 우유요?"
"네."

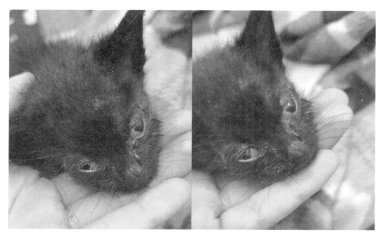

구조 당시 눈에 초점이 없는 삼백이. 수의사님은 쇼크 상태가 오래 된 것 같다고 하셨다.

그러고는 연락이 끊어졌다. 사람이 먹는 우유라니! 고양이는 사람이 먹는 우유에 들어있는 유당을 분해할 수 있는 효소인 락타아제가 부족해서 사람이 먹는 우유를 먹게 되면 설사, 위벽 손상, 장출혈 등을 일으키고 이는 곧 아기 고양이에게 치명적이다. 일요일 늦은 밤이었지만 바로 24시 동물병원으로 향했다. 동물병원에 도착하니 11시를 넘겼다.

대기실에 앉아있는데 구조자에게 너무나 화가 났다. 아기 고양이는 이미 의식이 흐린 쇼크 상태였고 사진처럼 눈의 순막이 반 이상 올라와 눈도 제대로 못 뜨고 있는데 본인이 데리고 있었을 땐 건강했다고 하다니. 누가 봐도 이미 곧 숨이 끊어지게 생겼는데. 게다가 사람이 먹는 우유를 줬다고? 아기 고양이를 구조하고 인터넷에 단 한 번만 검색해봤더라면 그런 짓을 할 수는 없다. 화가 잔뜩 났다. 그러나 구조자는 더는 연락을 받지 않았다. 접수를 해야 하는데 고양이 이름이 뭐냐고 묻는다. 남자 친구의 작명이 필요한 때이다. 간단히 삼백이라고 짓고 진료를 접수했다. 진료실에서 살펴보니 삼백이는 오른쪽 볼에 아주 깊은 상처가 딱지가 져 있었고 의식이 흐릿했다. 앉혀놓으면 자꾸 주저앉았다. 수액을 맞으면 좀 괜찮아질까 싶어서 하루 입원하고 수액을 맞기로 했다. 이때까지만 해도 삼백이는 며칠 입원하면 괜찮아져서 얼른 입양 가면 되겠다고 혼자 낙관했다.

다음 날, 동물병원을 찾아갔는데 삼백이 상태는 전혀 좋아지지 않았고 먹이 반응도 없었다. 여전히 쇼크 상태였다. 눈은 뜨고 있는데 의식은 흐릿한 상태였다. 수의사도 원인을 몰라 제대로 된 처치가 어려웠다고 한다. 원인을 찾으려면 전체 상태를 스크리닝 하는 비싼 검사를 해야 했다. 수액을 며칠 맞으면 낫지 않을까? 상담을 한 후 비싼 검사는 거절하고 수액 및 대증치료를 해달라고 하고 나왔다. 과잉진료라고 생각했기 때문이다. 못해도 3일은 수액을 맞으면 나아질 거라 생각했다.

그런데 다음 날 동물병원으로부터 전화가 걸려왔다. 수의사님은 삼백이 상태가 너무 의문스러워 일부 검사를 진행했다고 한다. 수액을 맞는데 다리에 자꾸 혈종이 생겨 수액 처치도 어려운 점이 이상했다고 한다. 그제야 부랴부랴 기타 검사를 하겠다고 했다. 검사 결과, 염증 수치는 비정상적으로 높고, 전해질 수치는 매우 불균형이었다. 수의사님은 처음에 우리가 삼백이 상태를 너무 낙관했던 것 같다고, 삼백이 상태는 예상보다 더 심각하다고 하셨다. 어지간해서 진료 보다가 울지 않는데 그 날은 어찌나 눈물이 쏟아지던지. 엉엉 우느라 동물병원에서 휴지를 잔뜩 썼다. 검사 결과를 보며 혈청을 맞아보기로 했다. 잘은 몰라도 혈청을 맞으면 살 것 같았다. 집에 돌아와서 엎드린 채 또 한바탕 울었다.

입원 당시 삼백이의 상태

그렇게 눈이 퉁퉁 부은 채 잠이 들었는데 새벽에 동물병원에서 전화가 왔다. 차분한 목소리였지만 내용은 사뭇 달랐다. 지금 삼백이가 심정지가 왔으니 빨리 동물병원으로 와달라는 내용이었다. 장대비가 쏟아지는 까만 새벽을 뚫고 마구 뛰었다. 대충 옷을 주워 입고 도대체 어떤 정신으로 동물병원에 도착했는지 아직도 모르겠다. 기억이 없다. 그냥 막 뛰었다. 전화를 받고 10분도 안 되는 사이 동물병원에 도착했는데 삼백이는 이미 숨을 거둔 후였다. 심정지가 온 후 약물처치도 하고 CPR도 했는데 심장이 돌아오지 않았다고 했다. 설명을 듣고 간신히 눈물을 참고 있었는데 수의사님이 "아직 따뜻해요. 안아보세요." 하는 말에 동물병원 입원실 바닥에 주저앉아 엉엉 울었다. 너무나 살리고 싶었다. 분명 혈청을 맞으면 살릴 수 있을 것만 같았는데 이렇게 허망하게 가다니 믿고 싶지가 않았다. 아직 따뜻하다니. 그런데 살아있지 않다니. 삼백이에게 너무 미안했다. 처음에 수십만 원이든 얼마짜리든 검사를 했다면 살 수 있지 않았을까? 그때 적절한 치료를 했다면 살 수 있었을 텐데. 돈을 아끼려다 삼백이를 죽음으로 내몬 것 같아 죄책감에 울었다. 시간이 많이 지난 지금도 가끔 삼백이는 생각이 난다. 아쉬움이 너무 커서 그런 것 같다. 이 후로는 별도 검사가 필요하다고 하면 돈을 아끼지 않고 검사를 진행한다. 다시는 그런 실수를 하지 않을 것이다. 삼백이가 주고 간 교훈이다.

라온이 이야기

라온이는 서울특별시 노원구 주택가에서 한여름에 태반과 탯줄에 엉겨 붙은 채 구조되었다. 구조한 당일에 태어나 정말 갓난쟁이 고양이였다. 라온이 구조 연락이 왔을 당시 밍고와 꽃점이를 입양 보낸 지 얼마 되지 않아 잠시 수유 임보를 쉬려고 했었다. 임보를 하면 잠도 잘 못 자고 임보 맡은 고양이들이 있다는 사실만으로도 부담이 되기 때문에 얼마간은 임보 고양이들 없이 나만의 여유로운 생활을 누리고자 하던 차였다. 그런데 막 태어난 아기 고양이라니. 너무 부담되었지만 구조자 측에서는 갓 태어난 이 작은 고양이를 어쩔 줄 몰라했다. 동물병원에 데려가 봤지만 탯줄만 잘라주며 2시간마다 분유 잘 먹이라고 했다고, 더는 해줄 게 없다고 해서 그냥 돌아왔단다. 그런데 이 갓난쟁이를 도무지 어찌해야 할지 몰라 나에게 수유 임보를 맡기게 되었다.

구조 당시의 라온이

라온이는 86g의 아주 작은 고양이였다. 불면 날아갈까 쥐면 부서질까 다루기조차 조심스러웠다. 하얀 바탕에 검은 점들을 예쁘게 입었다. 작명은 남자 친구가 고심하더니 즐겁게 살라고 즐겁다는 의미로 라온이라고 지어줬다.

라온이는 첫날은 분유를 잘 먹더니 점차 분유를 거부했다. 이렇게 아기 고양이가 분유를 거부하면 어디가 아프거나, 춥거나 덥거나, 분유가 맛이 없거나 셋 중 하나다. 첫날엔 분유를 잘 먹었으니 분유 맛은 통과이고, 체온은 정상이니 춥거나 더운 문제는 아니었다. 몸의 어딘가가 불편하다고 생각되어 자세히 관찰해보니 라온이는 숨을 쉴 때마다 물먹은 소리를 내고 코가 살짝 부어 콧구멍이 좁아져 있었다. 그리고 콧물이 계속 고여 숨쉬기가 불편해 보였다. 고민되었다. 이렇게 작은 아기 고양이는 동물병원에 데려가도 '처치 해줄 게 없다.'는 말만 돌아오기 때문이다. 일단 엑스레이나 혈액검사 등이 아예 불가능하다. 엑스레이로 찍어도 작아서 장기가 잘 보이지 않아 엑스레이를 찍는 것은 무의미하고 이 작은 몸에서 뽑을 혈액도 없으며, 주삿바늘은 이 작은 고양이의 혈관보다 커서 채혈이 어렵다.

그래도 할 수 있는 것을 해보자며 진료 불가능 이야기를 들을 각오를 하고 동물병원에 데리고 갔다. 수의사님은 증상으로 볼 때 중증상부호흡기질환으로 추정하며 어미 고양이에게 감염되어 이렇게 된 것 같다고 하였다. 그리고 엄마 고양이는 아마도 아기 고양이만큼이나 호흡기 상태가 좋지 않을 것이고 아기 고양이를 못 챙길 만큼 건강이 안 좋았거나 급박한 상황이었을 거라 하였다. 고양이 상부호흡기질환은 사람의 감기와 비슷하며 재채기, 콧물, 눈물과 눈곱 등 증상이 나타난다.

예상대로 너무 어려서 해 줄 게 없다는 방향으로 이야기가 흘러가자 수의사님께 해줄 수 있는 것은 다 해주고 싶다고 말씀드렸다. 일단 콧물 때문에 숨을 못 쉬니까 그것만이라도 해결해달라고 했더니 석션기로 콧물을 빨아내 코를 뚫어주었다. 다른 처치는 불가해도 주사 정도는 맞을 수 있을 것 같아 항생제 주사를 놓아달라고 했다. 항생제를 맞으면 설사 등 다른 위험성이 있기는 하지만 계속 콧물 때문에 숨을 못 쉬는 것을 지켜볼 수가 없었다. 콧물은 한번 빨아냈지만 계속 나오므로 집에서 내가 직접 유아용 콧물 흡입기로 콧물을 빨아내야 한다고 하기에 약국에서 뺑코라는 콧물 석션기를 샀다. 긴 대롱같이 생겼는데 한 쪽은 콧구멍에 대고 다른 한 쪽은 사람이 입에 물고 빨아들이면 콧물이 흡입이 되는 도구이다. 문제는 이미 콧구멍이 부을 대로 부어서 석션기로 잘 빨아들여지지 않는다는 점이었다.

고양이 카페에 접속해서 비슷한 사례가 있는지 검색해보았다. 찾다 보니 비슷한 케이스가 있었는데 결국은 고양이가 별이 되었다는 내용이었다. 어찌나 절망스럽던지. 스트레스로 배가 아파오기 시작했다. 어떤 사람은 허피스 걸린 고양이를 가습기와 함께 박스에 넣고 가습 해주면 좋아진다고 하기에 바로 뛰어나가 가습기를 사 왔다. 체온이 떨어질까 봐 라온이를 수건에 둘둘 싸매어 가습기와 함께 박스에 넣어두었다. 숨이 막힐까 봐 중간 중간 열어보았다. 그러나 라온이는 20분이나 가습기를 튼 박스 안에 있었지만 별 차도가 없었다.

가습기를 틀고 박스 안에서 치료 중인 라온이.
별 효과는 없었다.

라온이 상태는 점점 나빠졌다. 혈관 수액을 맞을 수 없어 피하 수액을 맞게 해달라고 했다. 그리고 콧구멍 쪽에 항생제가 든 안약을 한 방울 떨어뜨려 문질문질 해주면 도움이 된다기에 안약도 구입했다. 그렇게 이틀이 더 지났지만 차도가 없었고 먹지 못해서 하루 두 번 계속 피하 수액을 놓아주었다. 먼저 갔던 병원에서의 항생제 주사가 차도가 없어 다른 동물병원에 방문을 했다. 그간 돌봐온 내역을 주욱 다 말하고 받았던 처치까지 다 말했더니 자못 심각한 얼굴로 할 수 있는 데까지 같이 해보자 한다. 먹는 항생제를 받아왔다. 라온이는 생후 일주일간 항생제 주사도 맞고, 항생제를 먹기도 하고, 코에 항생제를 바르기도 했다. 정말 할 수 있는 것은 다 한 것 같다.

그러나 그 과정에서 나는 좌절할 수밖에 없었다. 추측하건대 혈전 때문에 오른쪽 앞다리는 크게 부어올라 동그란 주먹이 되었고 배는 알 수 없는 이유로 부풀어 오르기도 했다. 이렇게 생후 일주일 그리고 하루 더 버티던 라온이는 체온이 오르락내리락하던 2020년 9월 11일 새벽 1시에 금방이라도 숨이 넘어갈 듯 꺽꺽 소리를 냈다. 라온이 소리에 잠에서 깨 울면서 라온이를 살폈는데 정말 금방 생명이 꺼질 듯하면서도 라온이는 숨을 한참이나 참았다가 크게 몰아쉬었고, 약간의 경련 증상도 보였다. 그렇게 힘겨운 시간을 4시간이나 더 보냈던 라온이는 새벽 5시를 조금 넘긴 시각에 한 번의 큰 한숨 이후로 더는 숨을 쉬지 않았다.

4시간 동안 울며불며 태풍 앞에서 금방이라도 꺼질 듯한 작은 촛불을 지킨 것처럼 진이 빠졌다. 라온이가 아팠던 기간 동안 나도 스트레스와 불안으로 배가 아팠다. 라온이 곁을 지켰던 밤이 지나고 아침이 오자 밤 사이의 사투가 다 꿈만 같았다. 이미 숨이 꺼진 라온이를 멍하니 보고 있자니 여리고 약했던 아이에게 너무 많은 약을 쓰고 너무 많은 처치를 한 것 같아 후회가 되었다. 숨을 제대로 못 쉬어 고통스러웠을 텐데 그 고통스러운 삶은 너무 길게 연장하려 했던 건 아니었는지 그제야 동물병원을 전전한 게 미안해졌다. 나에게 임보를 와서 이렇게 된 것은 아닐까. 후회와 자책으로 한동안 정신을 차리지 못했다. 아침에서야 몰려든 잠을 억지로 청해보았다. 꿈에서 라온이에게 진심으로 사과할 기회를 얻고 싶었다.

묘연의 시작

묘연의 시작

김세영

　나는 원래 고양이보다 개를 더 좋아하는 일명 개파였다. 어릴 때부터 개를 키우고 싶다고 부모님께 울고불고 졸랐는데 우리 집이 아파트였기도 했고 여러 이유로 부모님은 쉽사리 개를 키우는 것을 허락해주지 않으셨다. 그렇게 개에 대한 로망만을 간직한 채 20여 년이 지났다. 내가 대학생이던 어느 날 우리 동네에 깡마른 턱시도 고양이 한 마리가 나타났다. 꼭 개가 아니더라도 동물을 다 좋아했던 나는 마른 고양이가 안쓰러워 집에 들어가서 냉장고를 열고 골똘히 고민했다. 고양이는 대체 뭘 먹지? 마른 멸치 박스가 눈에 보였다. 당시 고양이가 뭘 먹는지 아예 몰랐고 고양이용 캔이나 파우치, 사료를 살 생각을 못했던 터라 일단 멸치를 한 움큼 들고나가서 고양이가 있는 쪽으로 던져주었다. 고양이는 오래 굶었는지 멸치를 맛있게 그리고 천천히 먹었다. 한 움큼의 멸치를 다 먹자 나를 또 빤히 바라보았다. 다시 집으로 들어가 멸치를 또 가득 집어서 나왔다. 고양이는 그 자리에 그대로 앉아서 나를 기다리고 있었다. 멸치를 또 가득 주었다. 짠 멸치를 많이 먹으면 목도 마를 거 같아 고양이가 멸치를 먹는 동안 알아듣지 못할 테지만 기다리라고 하면서 후다닥 집으로 달려가 물을 떠 왔다. 물도 어찌나 야무지게 찹찹찹 잘 먹던지. 낯선 고양이의 첫인상은 무섭기보다 깡마른 게 안쓰럽고 불쌍하기만 했다. 물도 먹었겠다 고양이도 볼 일 다 본 것인지 가려고 하기에 나도 자리를 떴다.

집에 와서 컴퓨터 앞에 앉아 고양이는 뭘 먹는지 검색을 했다. 아뿔싸. 사람 먹는 거 주면 안 된단다. 그럼 도대체 뭘 먹지? 자연스럽게 그 동네 고양이에 관심이 생겨 고양이 커뮤니티에 가입을 했고 고양이에 대해 공부를 했다. 살을 찌우고 털을 부드럽게 한다는 사료를 검색해서 고르고 고른 끝에 아보덤이라는 회사의 사료를 그날 바로 하나 샀다. 사료를 산 이후 고양이가 눈에 띄기만을 기다렸다. 오기만 해라. 아주 배부르게 먹여줄 테니. 이번엔 멸치가 아니라 고양이에게 좋다는 사료라고! 벼르던 때에 고양이가 나타났고 당장 사료를 대령했더니 어찌나 맛있게 먹던지 먹는 모습을 한참 쳐다보며 흐뭇해했다. 그리고 그 날 이후로 고양이는 우리 집 앞에 밥을 먹으러 매일 오기 시작했다. 처음에는 멀찍이서 밥을 먹던 녀석이 점점 가까이 다가오고 어느 날인가는 내 다리를 휘감으며 비비적 댔다. 조심스럽게 손을 뻗어 쓰다듬어 보니 바로 손길을 허락했다. 부드럽고 따뜻한 고양이의 촉감이 감동스러웠다. 나는 그날이 태어나서 고양이를 처음 만져본 날인 줄 알았다. 나중에야 알았는데 부모님께서 어릴 때 우리 집 마당에 시골에서 풀어 키우듯 고양이를 키운 적이 있다고 하셨다.

한번 손길을 허락하니 내 무릎 위에 올라와 고롱고롱 소리도 내고 애교가 넘쳤다. 매일 저녁밥을 주고 고양이가 밥을 다 먹고 나면 나는 다시 집에 들어가야만 하는 순간에 발걸음이 쉽사리 떨어지지 않았다. 우리 집은 아파트 1층이었는데 밥을 다 먹은 고양이는 내가 집에 들어가면 아파트 안까지 따라 들어와 문을 열어달라고 작게 야옹~했다. 아파트 복도에 울려 퍼진 야옹 소리에 깜짝 놀라 현관문을 열었더니 집안으로 쏙 들어오는 게 아닌가. 부모님이 보시면 화내실까 봐 너무 놀라 고양이를 덥석 잡아 밖에 내놓았다. 그렇게 부모님 모르게 한동안 집 안까지 쫓아 들어오는 고양이 때문에 마음을 졸였다. 그런데 부모님도 동물들을 사랑하는 편이시라 그 고양이를 안쓰럽게 여기고 귀여워 해주셨다. 그러나 키우는 것은 여전히 반대하셨다. 내가 준 밥을 먹고 우리 집 바로 아래인 아파트 1층 화단에서 잠을 청하면서 생활하기를 여러 날이 지나니 고양이는 살이 포동하게 오르고 털도 부드러워졌다. 그리고 겨울이 되었다.

어느 날인가 밖에 눈이 소복하게 온 날, 고양이는 다리에 타르 같이 까만색의 끈끈하고 고약한 냄새가 나는 물질을 묻히고는 밥을 먹으러 왔다. 무슨 물질인지 몰라 녹여서 닦아낼 방법이 없었다. 이미 털에 엉겨 붙어 있었고 일부는 딱딱하게 굳기 시작했다. 털을 다 잘라내야 할 정도여서 부모님 허락 하에 집안에 고양이를 들여놓고 일단 배불리 먹인 후, 따뜻한 집안 공기에 고양이가 잠든 사이 발부터 다리까지 잔뜩 묻은 물질과 엉겨 붙은 털을 잘라내기 시작했다. 자기를 도우려는 걸 아는 건지 그냥 따뜻해서 잠에 푹 빠져든 건지 한 번도 깨지 않고 잘 자더라. 그 사이 엉겨붙은 털과 타르 같은 검은 물질을 다 잘라내고 나니 다리부터 발끝까지 맨살이 드러났다. 밖을 보니 눈이 펑펑 왔다. 다리에 털도 없이 맨살로 눈을 밟으면 너무 추울 텐데. 걱정이 되어서 한숨만 쉬다가 우물쭈물 부모님께 하루만 고양이를 집 안에서 재우자고, 이미 자고 있으니까 해 뜰 때까지만 두자고 했다. 부모님께서는 허락하셨고 그렇게 고양이는 겨울 중에 추운 날은 우리 집 안에서 잠을 자고 아침에 나가곤 했다.

겨울이 지나고 봄이 왔다. 날이 따뜻해지니 고양이는 전보다 찾아오는 횟수도 줄고 머무는 시간도 줄었다. 그러다가 어머니께서 갑자기 고양이가 좀 이상하다고 하셨다. 배를 만져보기도 하시고 젖꼭지 부분을 유심히 보시더니 임신한 것 같다고 하셨다. 고양이 배 위에 손을 얹어보니 뭔가가 안에서 꾸물꾸물 움직이는 것이 느꺼졌다. 지금 와서 생각해보면 전에 미리미리 중성화 수술을 시켜 줬으면 좋았을 것을. 그땐 그런 것도 몰랐던 때라 너무 아쉽기만 하다. 어쨌든, 내가 돌보는 고양이가 임신을 했다! 그 날 이후로 고양이가 먹을 것에 더욱 더 신경을 썼다.

그리고 내가 중간고사를 보던 날, 모든 게 아직도 생생하게 기억 난다. 그때 시험 과목이 일반화학이었는데 일반화학 시험 강의실에 들어가기 직전에 부모님께 전화가 왔다. 지금 고양이가 내 방 책상 아래에 새끼를 낳고 있다고! 정신이 없었다. 시험을 대충 치르고 집으로 달려갔다. 엄마 고양이가 혼자 잘 출산을 했을지 너무 걱정되었다. 다행히도 엄마 고양이는 본능에 따라 능숙하게 다섯 마리의 새끼 고양이를 낳았다. 아버지께서 옆에서 고양이의 출산을 도와주셨단다. 집에 들어가니 엄마 고양이가 된 그 고양이는 애기들을 놔두고 나를 먼저 반기느라 책상 아래인 산실에서 후다닥 나왔다. 다리를 휘감으며 반갑다고 하는데 눈물이 주르륵 났다. 그리고 새끼 고양이를 살폈는데 아주 작았고, 말 그대로 핏덩어리였다. 눈도 못 뜬 작은 생명이 손바닥 위에서 새근새근 숨을 쉬고 있었다. 그렇게 아기 고양이 육묘는 시작되었다.

엄마 고양이는 태생이 길고양이라 그런지 책상 아래에서 아기 고양이에게 젖을 먹이다가도 계속 밖을 나가고 싶어 했다. 집 안에서 잘 쉬다가도 현관문 앞에 앉아 문을 열어달라고 야옹야옹 울었다. 처음엔 조그맣게 울다가 안 열어주면 점점 크게 울어서 별수 없이 나가라고 문을 열어주어야 했다. 그렇게 나가서는 한참 돌아오지 않을 때도 있었다. 어떨 때는 하루 만에 돌아왔지만 어떨 때는 이틀 혹은 사흘씩 자리를 비우기도 했다. 문제는 엄마 고양이가 밖에 나가서 안 돌아와 아기 고양이들이 빽빽 울어댈 때였다. 아기 고양이들은 스스로 배변을 할 수도 없고 체온 유지도 할 수 없다. 당연히 젖을 먹어야 산다. 엄마 고양이가 사흘씩이나 돌보지 않으면 생존확률이 급격히 떨어진다. 아기 고양이들이 걱정이 된 나는 인터넷을 통해 인공수유를 배웠고 아기 고양이 돌보는 방법을 공부했다.

엄마 고양이가 나가 있는 동안 2시간에 한 번씩 분유를 먹였고 물티슈로 톡톡 자극을 줘서 배변 유도를 시키고 항상 방을 따뜻하게 해 주었다. 엄마 고양이가 돌아오면 두어 시간에 한 번씩 분유를 주거나 돌보는 것을 중단하고 온전히 엄마 고양이에게 맡겼다. 그런데 반대로 엄마 고양이는 나에게 온전히 육묘를 맡긴 것만 같았다. 고양이는 공동육아를 하는 습성이 있다던데 엄마 고양이는 나를 육묘 파트너로 선택한 것 같았다. 아기 고양이들이 눈을 뜨고 아장아장 걸어 다닐 때까지는 죽을 확률이 높다기에 항상 긴장하며 돌보았다. 반면 엄마 고양이는 그러든지 말든지 밖에서 며칠이고 돌아다니다가 집에 들어왔다.

그렇게 한 달이 지나고 아기 고양이 다섯 마리는 쑥쑥 자라서 방 안을 온통 어지럽히기도 하고 이유식을 먹을 땐 온몸에 이유식을 묻혀가며 먹기도 했다. 활동 반경이 넓어지며 사고를 치기 시작하니 아기 고양이 뒤치다꺼리하느라 하루가 다 갔다. 건사료를 오독오독 먹기 시작하자 제법 고양이답게 생기기 시작했고 엄마 고양이도 아가들을 잘 돌보지 않게 되었다. 엄마 고양이는 애초에 아가들 돌보는 것보다 사람에게 애교 부리는 것에 더 관심이 있었다. 이 다섯 마리를 어떻게 할 것인가. 부모님은 키우는 것을 반대하셨고 나는 엄마 고양이와 아기 고양이 다섯 마리까지 키울 능력도 여건도 안 되었다. 결국 여섯 마리 모두를 입양 보내기로 결정하였다. 엄마 고양이는 가까운 시골에 사는 친척집에 보내졌고 아기 고양이들은 사진을 예쁘게 찍어서 입양해달라고 인터넷 곳곳에 올려 입양을 보냈다. 나의 첫 고양이 임시 보호였던 거다. 정 붙을까 봐 끝까지 이름을 지어주지 않았던 엄마 고양이는 시골에서 잘 살다가 고양이 별로 돌아갔다. 나에게 고양이에 대해 알려준 그 고양이에게 아직도 고맙고 너무 그립다. 지금 와서 생각해보면 고양이에 대해 너무 몰랐고 모든 것이 서툴렀다. 중성화 수술을 해줄걸, 사료는 이걸 먹일걸, 그거 먹이지 말걸, 그렇게 해주지 말고 이렇게 해줬으면 더 좋았을 텐데. 후회되는 것이 한두 개가 아니다. 그리고, 그때는 이것도 몰랐다. 고양이와의 묘연이 이렇게 깊어질 줄은.

쵸비의 이야기

쵸비의 이야기

쵸비 구조 이야기

김연희

2018년 10월의 어느 날 남편으로부터 개집에 아픈 새끼 고양이가 버려져 있다는 연락을 받았다. 돌보던 길고양이 은돌이가 들개에 물려 죽은 이후로 아주 크게 상심했던 나는 두 번 다신 길 아이들의 삶에 참견하지 않겠다 결심했었기에 참 당황스러웠다.

남편이 바로 외근 나가야 한다 하여 급하게 달려가 보니 눈에 진물이 가득 엉겨 붙어 눈도 뜨지 못하는 새끼 고양이 한 마리가 작은 박스 안에 들어 있었다. 40kg이 넘는 대형견이 있어 평소 고양이들은 얼씬도 안 하는 그곳에 어떻게 새끼 고양이가 나타났던 걸까? 지금까지도 의문이다. 누군가가 일부러 둔 것이 틀림 없었다. 남편이 개집에서 고양이를 꺼내다가 물렸다고 해서 좀 걱정했는데 예상외로 길고양이가 맞나 싶을 정도로 사람에 대한 경계심이 없었다. 우리 집 개에게는 엄청난 하악질을 해댔지만 나에게 안겨서 떨어지려 하질 않았다. 어쩌면 나를 커다란 괴물로부터 자신을 구해준 구세주라고 생각했는지도 모르겠다. 얼마나 굶었을지 몰라 급한 대로 따뜻한 물에 개 사료를 불려 주니 허겁지겁 먹었다. 꽤나 배가 고팠던 모양이었다.

구조 당시의 쵸비

태어난 지 한 달 전후쯤 되어 보이는 작은 여자 고양이. 아이는 호기심이 많고 꽤나 당돌하면서도 사랑스러운 성격이었다. 그 주변에 사람을 따르는 고양이는 은돌이 밖에 없었기 때문에 은돌이의 손녀나 증손녀쯤 되지 않을까 하는 생각이 들었다. 실제로 쵸비를 구조하고 얼마 후에 은돌이와 똑 닮은 녀석이 쵸비 나이 정도 되는 아이를 하나 데리고 다니는 걸 남편이 목격했다고도 하니 가능성이 없지는 않을 것 같다.

아기 고양이는 항상 사람과 붙어있기를 원하고 골골송도 매우 잘 불렀다. 하루는 저녁에 외출하고 돌아오니 임시로 만들어 놓은 박스 집에 고양이가 없는 것이었다. 놀라서 '애기야!' 부르며 찾으니 빨래 바구니 속에 든 내 옷에서 잠이 덜 깬 얼굴로 야옹~ 대답하며 나왔다. 잠깐 외출한 사이에도 내 냄새가 그리웠구나 싶어 기분이 좋았다. 저녁 식사를 할 때면 항상 내 무릎에 앉아서 놀거나 졸거나 했고 설거지를 하고 있으면 내 발을 장난감 삼아 놀곤 했다.

금방 무지개다리를 건널 것 같다는 남편의 예상과는 다르게 우리 집에서 고양이는 점점 건강을 회복했고 그와 함께 새로운 고민이 생겨났다. 남편의 고양이 알레르기와 냥이의 향후 거취에 관한 문제. 어떻게든 내가 집에서 돌보고 싶었지만 남편의 알레르기 반응이 점점 심해졌다.

입양처를 알아보려 했지만 녹록지 않았다. 아무데나 보내고 싶지는 않았다. 정 입양처가 정해지지 않는다면 은돌이처럼 사무실 마당에서 밥을 주며 돌보는 방법이 있었지만 여자 아이라 그건 도무지 내키지 않았다. 길에서의 삶은 수컷보다 암컷이 훨씬 더 고달플 수밖에 없다. 채 자라지도 못한 상태에서 출산을 경험하고 금세 무지개다리를 건너게 될지도 모른다. 머리가 터질 것 같았다. 이러지도 저러지도 못하는 상황이 너무 가슴 아팠다.

지푸라기라도 잡는 심정으로 고양이 카페에 글을 남겼다. 얼마 후 한 줄기 빛처럼 내려온 현 입양자님의 연락. 지난 글들을 살펴보니 임보 해본 경험도 있으시고 왠지 좋은 분 같다는 느낌을 받았다. 하지만 금전적 도움을 주지 못한 채 임보를 맡겨야 한다는 사실이 내게는 꽤나 민망한 일이었다. 그렇다고 아이를 길로 내몰 수도 없는 일이었고. 마음을 잡지 못해 갈팡질팡하던 어느 날 남편의 최후통첩이 내려왔다. 하는 수 없이 늦은 저녁 급하게 아이를 입양자님께 데려다주게 되었다. 돌아오던 길에 허전함과 아이의 미래에 대한 걱정, 그리고 약간의 안도감과 아이 하나 돌보지 못하는 내 상황에 대한 안타까움, 이런저런 복잡한 생각이 들었던 기억이 난다.

다행히도 쵸비의 엄청난 적응력과 무던한 성격이 입양자님을 사로잡았던 것 같다. 쵸비와 금세 사랑에 빠진 입양자님은 쵸비를 입양하셨고 쵸비는 지금 그 어떤 고양이도 부럽지 않을 행복한 삶을 살고 있다. 가끔 자신을 구해주지 못해 죄책감에 마음 아파하는 나를 지켜보던 은돌이가 자신 대신 구해달라는 의미로 쵸비를 내게 보내 입양자님을 만날 수 있도록 해 준 것이 아닐까 하는 생각이 든다. 한 번씩 고양이 카페에 올라오는 쵸비의 근황을 보고 있자면 절로 미소가 지어진다. 그때는 정말 많은 스트레스를 받아 아이가 나에게 온 상황이 원망스럽기도 했었다. 하지만 지금의 행복한 쵸비를 보면 그래도 '그때 구조하기 정말 잘했다. 다른 곳이 아니라 현 입양자님께 가게 되어서 정말 잘 되었다.' 하는 생각을 많이 한다.

그렇지만 구조도 임보도 아무 생각 없이 할 수 있는 일이 아니다. 아마 나는 두 번 다시는 시도하지 않을 것 같다. 아무나 쉽게 할 수 있는 일이 아니라는 것을 쵸비를 통해 깨닫게 되었기 때문이다. 쵸비는 운이 매우 좋은 케이스다. 그렇지 못한 아이들도 많다는 것을 안다. 그럼에도 이 작은 생명들을 살리기 위해 지금 이 순간에도 자신의 시간과 금전을 아낌없이 투자하는 분들에게 작은 경의를 표하고 싶다.

작은 고양이, 너를 구할 수 있어서 다행이라고 생각해. 네가 좋은 가족을 만날 수 있도록 내가 작은 도움을 줄 수 있어서 정말 좋았어. 은돌이 몫까지 쵸비가 아주 오랫동안 행복했으면 좋겠다. 입양자님과 쵸비의 앞날에 늘 달콤하고 행복한 일들만 가득하길!

쵸비 입양 이야기

김세영

많은 임보 고양이가 다녀가지만 우리 집에 눌러앉은 유일한 고양이가 있다. 바로 쵸비이다. 쵸비는 2018년 11월에 나에게 임보로 온 고양이이다. 남양주에서 마당에 묶인 대형견에게 개밥으로 던져진 아주 작은 새끼 고양이였는데 개가 잡아 먹지 않고 핥아주고 낑낑대며 난리를 치니 개 주인이 나가보아 구조한 케이스였다. 구조자는 부부였는데 당시 남편분이 알러지가 너무 심하셨다고 한다. 늘 그렇듯 이런저런 사연을 품은 채 우리 집으로 임보를 오게 된 쵸비. 구조자님은 잘 부탁드린다는 말과 함께 우리 집에 쵸비를 데려다주고 홀연히 떠나셨다. 쵸비와 둘이 덩그러니 집에 남겨졌고, 그날 밤이었다. 아주 작았던 2개월령 쵸비는 밥을 많이 먹어 배가 빵빵해진 채 졸린지 잠을 자기 위해 나에게 다가왔다. 쵸비는 내 목 위에 가로로 길게 누웠다. 마치 목도리가 된 양 내 목을 감싸고 잠을 청했다. 그날 밤, 많은 고양이들을 임보 했지만, 왠지 모르게 문득 쵸비만큼은 아예 키우고 싶다는 생각이 들었다. 경제적으로 완전히 독립하여 자취 중이라 굳이 부모님의 동의는 필요 없었지만 그래도 부모님께 맡길 일도 생길 것 같고 부모님 동의가 있어야 맘이 편할 것 같아 다음 날부터 부모님을 설득하고자 마음먹었다. 원래 동물을 사랑하던 부모님께서는 쵸비를 기르는 것에 의외로 쉽게 찬성해주셨다.

입양 후 쵸비

쵸비만 다르게 느껴졌던 이유는 아직도 모른다. 그냥 쵸비는 특별했다. 보는 순간 사랑할 수밖에 없었다. 그렇게 예쁜 고양이는 아닌데. 2018년 11월 초 쵸비는 공식적으로 우리 집 식구가 되었다. 임보 하루 만에 입양을 결정한 것이다. 구조자님도 흔쾌히 입양에 동의해주셨다. 쵸비는 고맙게도 속 한번 썩이지 않고 자연스럽게 우리 집 식구로 성장했다.

함께한 지 2년이 지나자 쵸비는 혼자 냉장고 문을 열어 냉장고에 보관된 캣닢과 츄르를 꺼내 파티를 벌일 정도로 사람 같아졌다. 간혹 그럴 때 있지 않은가? 때때로 우리 집 반려동물이 마치 사람처럼 느껴질 때가 있다. 간밤 새 냉장고 안에 있던 것들이 밖에 흩어져 있었을 땐 얼마나 황당하던지. 이름도 귀신같이 잘 알아들어서 "쵸비!" 하고 부르면 단박에 냥냥~ 대답도 곧잘 한다. 사

람에게 무관심한 태도를 유지하는 게 평소의 쵸비지만 때로는 사
랑스러운 몸짓으로 애정 표현을 해줄 줄도 안다.

양치시키면 화를 내며 사람을 앞발로 퍽 소리 나게 때리고 도망
가는 쵸비. 가끔은 웃긴 몸짓으로 몸개그를 하며 나를 웃게 해 준
다. 이러니 쵸비를 어찌 사랑하지 않을 수가 있을까. 네가 나를 때
려도 물고 할퀴어도 나는 너를 사랑할 수밖에 없어.

쵸비가 어렸을 때부터 다른 고양이들 임보를 계속 해왔기 때문
에 쵸비는 임보 하는 새끼 고양이를 싫어하거나 두려워하지 않는
다. 지금도 많은 임시 보호 고양이들이 집을 드나들지만 쵸비는
신경도 안 쓴다. 자기도 처음에 임보로 왔던 것을 아는 것인지 임
보 하는 고양이에게 관대하다. 엄마 고양이처럼 핥아서 배변 유도
를 해주기도 하고 그루밍도 해준다. 그럴 때마다 쵸비에게 고맙
다. 엄청난 개냥이는 아니지만, 사랑이 가득 담긴 나의 뽀뽀도 싫
어하지만 그래도 우리 쵸비가 그 어떤 고양이보다 제일 예쁘다.
어느 날 갑자기 우리 집에 오게 된 쵸비. 너무나 사랑스러워 우리
집 식구가 된 쵸비. 앞으로도 20년 넘게 나의 곁에 있어 주기를.

라티의 이야기

라티의 이야기

라티 구조 및 임보 이야기

김세영

전라북도 전주의 한 교회 마당 구석에 길고양이를 위한 겨울 집이 하나 있었다. 겨울 집이란 길고양이들에게 혹독한 계절인 겨울을 고양이들이 잘 보낼 수 있도록 보온과 방수가 되게 만든 박스 집을 말한다. 이 곳 겨울 집에 까만 고양이 한 마리가 나타나 새끼를 낳았다. 추운 겨울, 아기 고양이를 낳아 기를 마땅한 장소가 없었나 보다. 그런데 교회관리인이 캣맘에게 겨울 집을 빨리 철거하라고 하였단다. 겨울 집 안에 아기 고양이가 있는데도. 캣맘은 도움 요청글을 인터넷에 올렸고 그 글을 보고 구조에 나섰다. 서울에서 전주로 이동하여 아기 고양이를 인계받았는데 역시나 작고 말랐다. 까맣고 턱 아래만 하얀 작은 아기 고양이. 이제 막 눈을 뜬 듯 2주령 정도 되어 보이고 기운이 하나도 없었다. 전주에서 다시 서울로 돌아오던 중 이름을 지어주었다. 가끔 임보자나 구조자들이 명품 브랜드명을 따서 이름을 지어주는 것이 멋져 보여 나름 고가품의 이름으로 지어주려고 고심했다. 그래서 입양하시는 분이 부자 되셔서 마세라티 타고 다니시라고 마세라티에서 따온 '라티'라는 멋들어진 이름을 지어주었다.

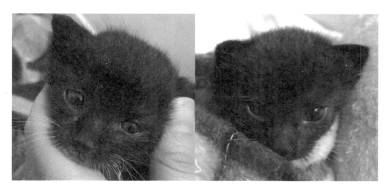

구조 당시의 라티

라티는 엄마 고양이와 떨어진 지 얼마 되지 않은 여느 고양이들이 그렇듯 고무 젖꼭지가 낯설었나 보다. 수유를 하려 해도 도무지 먹질 않았다. 그렇게 먹이려는 자와 먹지 않으려는 자의 수유 싸움이 시작되었다. 며칠을 수유 싸움을 했다가 분유 종류를 바꿔보았다. 나는 주로 kmr 분유를 사용하는데 페베 분유로 바꿔보니 라티가 맛있게 먹기 시작했다. 아기 고양이들도 입맛대로 분유 종류를 가린다. 그 날 이후로 수유 임보 할 때 분유를 kmr, 페베, 락톨 세 종류로 항상 구비해 놓았다. 분유를 잘 먹기 시작하자 라티는 쑥쑥 자랐다. 라티는 2주 차였는데도 깔끔쟁이인지 그루밍을 열심히 했다. 그리고 성묘인 쵸비가 하는 행동을 다 따라 했다. 3주 차가 되니 휘청이는 다리로 집안 곳곳을 탐색했다. 활발하고 사람을 좋아해 개냥이가 될 느낌이었다. 사람이 가는 곳이면 어디든 따라다녔다. 5주 차 때 특이하게도 불린 사료를 거부해 수유를 오래 해야 하나 싶었는데 불린 사료를 안 먹고 쵸비를 따라서 바로 건사료를 먹었다. 그렇게 6주 차가 되어 라티는 입양을 준비했다. 라티의 개냥이 특성이 잘 드러나도록 입양 글을 썼다.

임보 당시의 라티

　많은 분들의 연락을 받지만 그 중 마음에 꽂히는 한 분이 있었다. 다른 것보다 그 분이 쓰신 글을 보고 마음이 매우 끌렸다. 동벨이라는 손 안타는 길고양이를 입양해 키우는 과정을 담은 글이었다. 그 분은 순화 안 된 동벨이가 마음을 열 때까지 참을성 있게 기다려주셨다. 하악질 하던 동벨이가 점차 하악질도 안 하고 츄르를 받아먹기까지 과정이 너무 자세히 써져있었다. 사납던 동벨이가 코 뽀뽀를 해주기까지 그 분이 얼마나 노력하셨을지 눈에 선했다. 이런 분이라면 라티를 믿고 맡겨도 되지 않을까? 아니, 그 분이 라티를 잘 키워주실 최고의 입양처라고 생각했다. 동벨이와 라티가 좋은 친구가 될 것 같았다. 입양 당일, 온 가족이 멀리서 차를 타고 오셨다. 역시. 이 가족분들이 다같이 라티를 많이 사랑해주실 거라는 느낌이 확 왔다. 그렇게 입양을 간 라티는 검은 몸에 흰 무늬가 턱부터 배까지 이어지는 코트를 입은 덕에 오레오라는 이름을 얻었다. 레오는 동벨이와 순조롭게 합사 되어 잘 지낸다고 한다. 동벨이도 레오를 따라 가족들에게 어서 사랑을 듬뿍 주기를 바란다.

라티 입양 이야기

박미라

레오 이야기를 하려면 우리 집 첫째 고양이인 동벨이 이야기부터 해야 한다. 동벨이는 어느 날 우리 집에 들어온 길냥이였다. 고양이를 키우고 싶다는 둘째 딸의 소원을 들어주려고 아빠는 직장에 있는 고양이 집사와 상담을 했고, 마침 입양처를 기다리고 있는 동벨이가 우리 집에 짠! 하고 나타났다. 작고 잔뜩 겁을 먹어 눈이 마주칠 때마다 귀가 옆으로 납작해지던 겁쟁이 삼색 고양이. 무서워하며 으르렁거리는 소리가 진동벨 같다고 동벨이라는 이름을 얻은 나의 첫 고양이였다. 나와 어린 세 딸은 수시로 동벨이를 찾아 헤맸다. 엄마! 동벨이 없어졌어요! 침대 밑, 이 층 침대 위, 에어컨 뒤, 하루에 열두 번은 더 고양이를 찾아 헤맸다. 안전한 곳을 찾아 숨으려던 동벨이는 자기 딴에는 꼭꼭 숨었지만 매번 눈이 마주치며 발견을 당하고 또 숨을 곳을 찾아 떠나기를 반복했다. 아이들에게 동벨이 스트레스 받는다고, 찾지 말라고 하면서도 안 보이면 도저히 궁금해 참을 수가 없어 온 집안을 뒤지는 것은 나였다. 이 귀여운 생명체가 너무 좋았다. 보는 것 밖에 할 수 없었지만, 3개월 아깽이 모습 자체로 난 사랑에 빠졌다. 동벨이는 겁이 너무 많았다. 길 생활을 하던 아이라 인간은 그저 위험한 존재였다. 동벨이의 경계와 소심한 공격들이 겁이 나서 그렇다는 걸 깨닫고는 너무 안쓰러웠다. 우리는 점점 가까워지고 있었지만, 동벨이가 '사람' 말고 무섭지 않은 존재와 함께 살면 좋겠다는 생각이

들었다. 그래서 둘째 고양이를 마음에 품게 되었다. 동벨이가 만만하게 볼 아깽이를 데려오자.

레오는 6주 된 아깽이였다. 건사료를 먹을 수 있고, 화장실도 가린다는 기특하고 조그만 아깽이였다. 입양 글의 사진 속에 레오는 임보 언니의 목덜미에 누워 잠들어있었다. 얘다! 남자아이란 점도 맘에 들었다. 우리 집은 아빠 1명만 남자, 인간 여자 넷에 동벨이도 여자여서 아빠의 귀여운 불만이 있었다. 입양 온 첫날, 레오는 집 적응이라곤 필요 없었다. 숨기는커녕 온 식구를 졸졸졸 쫓아다니고 깨물고 비비적거렸다. 그 행복이란 말로 표현하기가 어려웠다. 동벨이가 전혀 만질 수 없는 냥이였기에, 쌓인 아쉬움을 풀 듯 레오를 쓰다듬고, 안고, 부비부비 했다. 매일 늘어난 몸무게를 재는 기분도 남달랐다.

격리 3일 차쯤, 레오가 격리된 방의 문이 살짝 열린 틈에 동벨이가 들어왔다. 레오는 아직 걸음걸이가 서투른지 흔들흔들거리며 폴짝폴짝 뛰어다니고 있었다. 레오를 발견한 동벨이의 꼬리털이 팡하고 부풀어올랐다. 그리고는 정말 1초에 1mm쯤 아주 아주 천천히 움직였다. 내가 갑자기 움직이면 놀랄까 봐 가만히 지켜보면서 달팽이보다 느린 속도로 동벨이에게 가까이 다가갔을 때, 이번엔 동벨이를 발견한 레오가 홀랑 동벨이에게 달려왔다. 이어진 동벨이의 폭풍 하악질. 레오는 어리둥절하며 그저 이게 아닌가 하는

느낌으로 쳐다보다 그냥 돌아서서 다시 하던 대로 폴짝거렸다. 그
랬다. 동벨이는 아깽이도 무서워했다. 타고난 천성이 울트라 킹왕
짱 쫄보 겁쟁이였던 것이다.

합사 일주일쯤 지나서부터는 잠깐씩 방문을 열었다. 레오는 문
이 열릴 때마다 넓은 집안을 질주했고, 동벨이는 레오 잡기 삼매경
에 빠졌다. 동벨이도 활동성에서는 남부럽지 않은 캣초딩인데, 레
오를 잡을 수가 없었다. 쫓고 쫓김이 오래 이어진다 싶으면 레오를
잡아 내 배 위에 올렸다. 배 위에서 잠깐 쉬던 레오가 또 동벨이에
게 내달리며 술래잡기에 매진했다. 꼬리를 부풀리고 껑충껑충 사
이드 스텝도 한다. 동벨이의 폭풍 하악질에도 레오는 하악질 한 번
을 안 한다. 쩝, 하는 표정으로 쳐다볼 뿐. 서로를 좋아하는 걸까?
의문이 들기도 했으나, 위험하다고 느껴지진 않으니 괜찮은 것 아
닐까 생각하며 서로에게 조금씩 익숙해지도록 만남을 이어갔다.

누가 한 달 된 아깽이가 캣타워에 올라갈 수 있냐고 물었던가.
동벨이는 식탁 다리에 감아놓은 스크래쳐 사용법도 레오를 통해
배웠다. 캣타워 기둥의 스크래쳐를 통해 위로 올라갈 수 있다는
것도 레오와의 술래잡기를 통해 알았다. 입 짧은 동벨이가 안 먹
는 습식, 레오가 다 먹는다. 동벨이는 중성화 수술 후 얌전했는데
레오는 중성화 수술 후 마취에서 깨지도 않은 상태로 45도 각도로
뛰어다녔다. 장롱 문이 열리면, 레오는 전속력으로 달려와 쏙 들

어간다. 동벨이는 뒤에서 닭백숙 모양으로 앉아 '궁금하긴 한데...' 하며 쳐다보고 있다.

아침 7시가 되면 레오가 와서 아옹~하며 나에게 박치기를 한다. 레오가 좋아하는 올빽 만들기 쓰담쓰담을 하면, 좀 있다 나를 밟고 지나가는데 이제는 컥 소리가 절로 나온다. 레오는 내가 입술을 쑥 내밀면, 냄새를 맡다가 거리 조절에 실패하며 꼭 입술에 뽀뽀를 해준다. 아주 사랑꾼이 따로 없다. 동벨이가 딥슬립을 하고 있으면 레오가 나타나 목덜미를 문다. 다분히 고의적이다. 딥슬립의 순간을 노린 악동 레오다. 휴지를 갈기갈기 뜯어놓거나, 학원 안내장을 씹고 물고 뜯는 것은 모두 레오다. 물그릇의 물도 잘 먹지만, 방에 떠다 놓은 컵 속의 물도 꼭 한 번씩 찹찹한다. 사고만 칠 것 같지만, 아니다. 식탁 위에 고기를 탐내는 레오에게 "안돼." 하며 손바닥을 내밀면, 앞발 뒷발 곱게 모으고 동그마니 앉아 기다리는 아주 신기방기 기특한 레오다.

성묘가 된 레오

낯선 우리 집에 와서 온통 무서운 것뿐인 동벨이가 좀 더 편안했으면 하는 마음으로 데려온 둘째였다. 사람이 무서우면, 고양이는 좋아하지 않을까 싶어서. 레오는 완벽히 임무를 이루었다. 동벨이의 폭풍 하악질 따윈 신경 쓰지 않는 해맑음으로 동벨이를 뛰고 구르게 만들었다. 새벽녘에 두 마리가 함께하는 우다다는 이제 귀엽지 않고 맹수의 그것처럼 민첩하고 날래다. 항상 먼저 와서 누나 그루밍해주고, 물어주고, 놀아주는 생기발랄한 우리 레오. 레오 없었음 동벨이 심심했을게다. 이제 동벨이는 빗질도 좋아하고 만질 수 있는 냥님이 되었다. 난 레오 덕이라고 생각한다. 동벨이도 질투하지만, 레오는 질투의 화신이다. 동벨이를 쓰담쓰담하고 있으면 레오가 날아와 머리를 들이민다. 어디 동벨이 뿐이랴. 그 옆에 인간들이 고양이의 비단결 같은 털의 감촉을 느낄 수 있게 해 준 것도, 고양이가 얼마나 따뜻한지 느끼게 해 준 것도 다 레오다.

남편이 결혼 후 가장 잘한 일은 동벨이를 데려온 일이다. 내가 잘한 일은 물론, 레오를 데려온 일이다. 동벨이는 너무 예쁘고, 레오는 점점 멋있어지고 있다. 동벨이와 우리를 가족을 만들어주려고 나타난 레오. 아마도 레오는 우리 가족의 마지막 퍼즐이 아닌가 싶다. 그렇게 우리 가족은 좀 더 완벽해졌고, 앞으로도 행복을 이어갈 것이다. 행복해져라. 행복해져라. 행복해져라. 동벨이와 레오가 우리 가족에게 걸고 있는 주문이다.

버터의 이야기

버터의 이야기

버터 구조 및 임보 이야기

김세영

버터는 판교의 대로변에서 벌벌 떨다가 구조자의 눈에 띄어 구조된 2~3개월의 치즈 고양이였다. 순둥한 외모에 동그랗고 겁에 질린 눈동자. 버터의 첫인상은 어쩜 그리도 안쓰럽던지. 박스에 담겨 밤 11시경에 나에게 인계되었다. 구조자님 부부는 울먹이며 나에게 잘 부탁한다며 떠나셨다. 버터를 인계받고 살펴보던 중 목덜미에 큰 콩알만 한 진드기를 발견하고 바로 동물병원으로 향해야겠다고 생각했다. 잠깐 옷을 갈아입으려고 버터를 바닥에 내려놓았는데 버터의 걸음걸이를 보고 깜짝 놀랐다. 보통 2~3개월의 야생고양이가 구조되는 경우는 어디가 아프거나, 아니면 사람 친화적인 개냥이 거나. 둘 중 하나인데 버터는 전자의 경우였다.

구조 당시의 버터

버터는 뒷다리를 아예 쓰지 못하고 앞다리로 엉거주춤 걸었다. 머리가 하얘졌다. 대로변에서 못 움직이고 구조되었는데 뒷다리를 못 쓴다면 바로 교통사고를 당했을 거라 생각이 들었기 때문이다. 2~3개월의 작은 고양이가 교통사고를 당했다면 거의 다 즉사이고 지금 당장은 숨이 붙어있어도 긴 시간 살아있기 힘들다. 수백만 원의 치료비를 들여도 장애가 남기 마련이다.

버터를 이동장에 넣고 24시 동물병원으로 향하는 발걸음이 어찌나 무겁던지. 걱정스러운 표정으로 수의사 선생님께 엑스레이 등 검사를 부탁드렸다. 버터는 울음소리 한번 내지 않고 조용하고 담담하게 검사를 받아들였다. 어쩌면 자기를 도와주려는 손길인 걸 알았던 걸까? 엑스레이 찍으려고 네 발을 다 못 움직이게 잡고 있어도 조용히 눈만 굴리고 있었다. 엑스레이 결과가 나왔다. 어라? 그런데 한쪽 다리에 골절 흔적은 있지만 이미 뼈가 그대로 붙어버렸고 반대편 다리는 이상이 없다고 한다. 그럼 왜 이렇게 못 걷느냐 물었더니 여기저기 만져보고 다리를 움직여보더니 영양실조라서 뒷다리가 발달을 제대로 못한 것 같다고 한다. 버터는 진드기가 붙어있을 뿐만 아니라 뼈만 남아 아주 가벼웠다. 영양실조로 뒷다리가 힘이 없을 수도 있었을 거다. 일단은 집에서 잘 먹이고 케어 해보자며 돌아왔다. 야간 진료비는 꽤나 비쌌다.

버터의 엑스레이 사진을 핸드폰으로 전송받고 다소 씁쓸한 마음으로 입양 글을 작성했다. 입양 글에는 솔직하게 버터의 상태를 서술했다. 집에서 한동안 케어해서 영양실조를 벗어나 건강할 때 입양을 추진할 수도 있지만 버터는 3개월의 고양이로 입양이 잘되는 시기 중 끝자락에 걸친 고양이였다. 즉, 더 나이 먹고 덩치가 커지면 입양 보내기 어려워질 거라 판단하여 바로 입양 글을 작성했다. 글에는 버터의 상태를 자세히 썼다. 다행히도 바로 다음 날 입양을 원하는 분이 나타났다. 입양 예정자에게 다리가 불편한 만큼 버터의 상태와 케어에 대해 자세히 말했고 그래도 입양 의사가 있는지 귀찮을 만큼 여러 차례 물었다. 그리고 버터의 핸디캡 때문에 입양이 길어질 거란 예상과는 달리 버터는 나에게 온 지 삼 일만에 입양을 갔다.

얼마 후 반가운 문자를 받았다. 버터는 다리가 다 나아 아주 잘 걸어 다닌다는 소식이었다. 다 입양자의 케어 덕분이었다. 버터는 중성화 수술까지 마치고 입양자 분과 행복하게 잘 살고 있다는 소식을 종종 전해 듣는다. 장애나 핸디캡이 있는 고양이가 입양 가기란 쉽지 않다. 그럼에도 버터의 상황을 잘 이해하고 입양해주신 입양자 분께 아직도 감사하다.

버터 입양 이야기

장혜인

늦가을 추위에 덜덜 떨고 있었던 첫째 고양이 땅콩이를 구조하여 만나고 한 달이 지났을 무렵, 가족들이 출근하고 나면 혼자 남겨지는 작은 땅콩이가 안쓰러웠다. 원래 둘째 고양이 생각은 전혀 없었으나 평소 구경만 하던 길고양이 카페에 올라온 입양 글의 노란색 치즈 고양이가 우리 땅콩이와 케미가 꽤나 잘 맞을 것만 같았다. 비슷한 치즈색에 두 고양이 모두 암컷 고양이였다. 버터의 사진을 처음 본 순간, 똘망똘망해서 똑똑해 보이는 눈망울과 앙증맞게 짧은 다리가 귀여웠다. 그런데 글을 자세히 읽어보니 버터는 절뚝이며 걷는 상태라고 하였다. 잠시 고민을 했지만 임보자 분께서 x-ray도 다 찍어본 결과, 뼈에는 아무 이상이 없다고 하셔서 바로 데려왔다. 2개월은 넘어 보이는데 손바닥 사이즈의 앙증맞은 고양이가 다리를 절뚝절뚝 절면서 걷는데 마음이 너무 아팠다. '내가 이 고양이를 잘 데리고 살 수 있을까?' 두려운 생각을 안 했던 건 아니다. 그런데 뭔가 버터의 댕글댕글한 눈망울을 본 순간, 건강해질 거라는 막연한 믿음이 있었다. 집사를 닮아서 무럭무럭 자라서 통통한 운동뚱 고양이가 될 거라는 생각이 들었다.

똑 닮은 치즈 고양이 둘을 합사 시키는 과정에서 첫째 고양이인 땅콩이의 질투와 경계로 일주일 정도는 힘들었다. 그러나 합사가 완벽하게 이뤄지고 나서는 둘이 그루밍도 하고 귀여운 자매처럼 맨날 붙어 다니기 시작했다. 보는 것만으로도 힐링이 되는 두 고양이이다. 버터는 아무래도 둘째인지라 경계심이 많아서 항상 기가 죽어있었는데, 요새는 대담해져서 먼저 다가와서 집사 곁에 주저앉아 머리를 들이민다. 얼굴을 항상 발바닥에 먼저 부비면서 놀자고 한다. 버터의 변해가는 모습을 보면 너무 신기하고 뿌듯하다. 다리를 절었던 고양이였나? 의심스러울 정도로 폴짝폴짝 잘 뛰어 돌아다니고 호기심도 많아서 집안 이곳저곳을 누비고 다니는데, 영역을 도는 모습이 흡사 탐정 같기도 하다. 가끔은 땅콩이가 먹던 밥을 다 먹어버리는데, 땅콩이도 자기 밥그릇에 다가와서 다 먹어버리는 버터의 대담함이 귀여운지 그냥 슬며시 피해 주면서 버터가 다 먹기를 기다려준다. 사이좋은 자매 고양이들이 되어 너무 기분이 좋고, 냥이들과 놀다 보면 직장의 스트레스와 각종 근심 걱정은 언제 했었나 싶을 정도로 시간이 잘 간다. 내 인생은 냥이들을 만나기 전과 만난 후로 갈리는 것 같다. 땅콩, 버터, 귀여운 냥이들아. 오래오래 내 곁에 있어줘.

땅콩이(위)와 버터(아래)   입양 후 버터

아리의 이야기

아리의 이야기

아리 구조 이야기

권다희

2020년 7월부터 한 달째 장마가 이어지던 8월의 지루한 장마 중 어느 날, 우리 가게에서 아기 고양이 세 마리가 발견되었다. 나중에 다시 보니 어미가 데리고 사라졌다. 분명 어미의 보호를 받고 있는 아기 고양이라고 생각했다. 그때는 별 생각이 없었다.

다음 날 근처 골목 화단에서 전 날 봤던 세 마리 중 두 마리만 비를 피하고 있었다. 당연히 어제처럼 어미가 나타나서 다시 데려갈 거라 생각했다. 가게를 마무리하고 집에 가는 길, 근처 건물에 낯선 상자가 놓여있고 '입양 환영'이라는 메모와 함께 낮에 봤던 한 달가량의 아기 고양이 두 마리가 상자 안에서 떨고 있었다. 비는 본격적으로 쏟아지기 시작했고 일단 아기 고양이들이 비는 맞지 않아야 할 것 같아 처음 발견했던 우리 가게로 데려왔다. 비닐장갑을 낀 채 더 넓은 상자에 아기 고양이들을 옮겨놓고 제발 어미가 다시 데려가길 기도했다. 다음 날 다시 가게에 가보니 아가들은 그대로 있었다.

강아지만 키워온 나는 고양이에 대한 지식이 전무했기 때문에 급하게 온갖 고양이 카페에 가입을 해서 도움을 청하고 고양이에 관한 공부를 하기 시작했다. 고양이용 분유를 사서 먹이고 습식사료를 주었다. 배변 유도도 해주었다. 그렇게 세 시간 텀으로 아이들을 돌보면서 마음이 너무 혼란스러웠다. 처음 상자에 분리했던 사람이 너무 무책임하게 느껴졌고, 찾으러 오지 않는 어미가 미웠다. 나는 어느새 그렇게 구조자가 되어 있었다.

임시 보호를 하든 입양을 가든 일단 동물병원에서 기본 검진을 해야 할 것 같아 동물병원으로 아이들을 데려갔다. 동물병원에서 검진을 마치고 고양이들이 각각 남자아이와 여자아이라는 걸 알게 됐다. 여자아이는 선천적으로 앞발 한 개가 미성숙했다. 앞발 한 마디가 아예 없었다. 몸집도 남아에 비해 훨씬 작았다. 여러 곳에 도움을 요청했는데 생각보다 많은 분들이 연락을 주셨다. 남자아이는 임보자님이 맡아주셨고 임보자님이 입양 글을 올리고 바로 입양이 되었다. 임보자님은 모르는 게 있을 때마다, 힘들 때마다 도움을 주셨다. 입양도 임보도 다 처음이라 어떻게 해야 할지 모를 때마다 임보자님에게 물어보곤 했다. 이름도 지어주셨다. 남아는 아리, 장애가 있는 여아는 여리.

　인터넷에 올린 글을 보고는 근처에 사는 분이 직접 아이들을 보고 싶다고 해서 온 적도 있다. 그분은 남아, 여아 중 굳이 장애가 있는 여아, 여리를 입양하고 싶다고 했었다. 장애 때문에 다른 사람에겐 입양 가기 어려울 것 같다며 자기가 품어주고 싶다고 했다. 그래서 데려갈 날을 잡았는데 그 당일 날 이상한 연락이 왔다. 지인이 3개월 고양이를 분양한다며 그 아이도 키우고 싶다고 했다. 고양이를 키워보지 않았다고 했는데 장애가 있는 한 달령 고양이와 3개월의 고양이를 둘 다 동시에 케어할 수 있을까 의문스러웠다. 그리고 결정적으로 본인도 두 마리 키울 자신이 없다고 했다. 그래서 뭐 어쩌자는 거지? 무슨 말인지 이해할 수가 없었다. 어쨌든 이 사람은 여리를 입양할 수 없을 거라 결론짓고 연락을 끊었다. 임보자님은 이런 경우가 많다고 하며 너무 신경 쓰지 말라고 하셨지만 속상했다. 여리가 장애가 있어 입양이 걱정되었는데 딱 좋은 입양자가 나타났다고 너무 기뻐했던 탓에 실망도 컸다. 입양 전제 임보 구한다는 글을 올리고 좀 더 기다렸더니 어떤 분에게 연락이 왔다. 입양을 전제로 임보를 하고 싶은데 유예기간을 3달로 하고 싶다고 했다. 3달이 지나고 입양의사가 없어지면 여리는 생후 4달이 되어 새로 입양 가기가 어려워진다고 임보자님이 유예기간을 한 달로 조정하자고 하셨다. 임보자님 조언대로 입양 전제 임보 기간을 한 달로 조정하기로 하고 여리도 입양 전제 임보를 갔다. 한 달 후에 여리는 임보처 댁에서 아예 입양하기로 되었다. 그 댁에는 첫째 고양이가 이미 있었는데 첫째 이름이 먼지라서 하얀색인 둘째 여리는 휴지라는 이름을 얻었다.

내가 데리고 있는 기간 동안에는 가게에서 돌보느라 비록 따뜻한 집에서 24시간 봐주진 못했지만 내 모든 신경은 일주일 내내 고양이한테 쏠린 채로 있었다. 돌이켜 생각해보면 울기도 하고 웃기도 하면서 나름 행복했던 시간들이었다. 다만 내가 한 행동이 맞는 건지 의문이 들어 한동안 힘든 적도 있었다. 엄마 고양이와 아기 고양이를 생이별시킨 것은 아닐까 후회스러웠기 때문이다. 그러나 다시 그때로 돌아가도 다시 고양이들을 만나도 나는 고양이들에게 내가 할 수 있는 한 최선을 다하고 싶다. 앞으로도 그럴 것이다.

임보 당시 아리

아리 입양 이야기

손누리

　사실은 둘째를 다시 입양할 생각이 없었다. 합사 문제나 두 마리를 키우는 비용도 많이 드니까. 기존에 있던 둘째가 복막염으로 무지개다리를 건넜을 때 심적으로 많이 힘들었기 때문이었다. 준비가 안 된 상태에서 갑자기 아프기 시작하니 매주 동물병원에서 백만 원 이상 쓰는 게 나에겐 부담스러웠다. 그렇게 둘째가 떠난 후, 첫째 둘째에게 나눠줬던 사랑을 이제 첫째인 로이에게만 다 쏟아부을 생각이었다. 다묘라서 둘째에게 신경을 덜 써준 게 너무 미안했고 그런 이유로 둘째가 떠난 것만 같아 죄책감도 느껴졌다.

　한편, 로이는 둘째가 떠난 후로 계속 울기만 했다. 둘째의 부재가 컸던 걸까. 고양이는 죽음이란 개념을 이해 못 할 줄 알았는데 뭔가 아는 눈치였다. 로이가 자꾸 우니까 새벽에 깨서 놀아줘 보기도 하고 쓰다듬어주기도 하고 밥도 주었다. 그런데 로이는 둘째를 찾아서 계속 돌아다니고 울었다. 그걸 지켜보는 내 마음도 좋지 않았다. 그리고 둘째의 죽음을 겪고는 다시는 그런 경험을 하고 싶지가 않았다. 그래서 둘째를 들일 생각은 추호도 없었다. 그렇게 몇 개월이 더 지나고 1년이 다 되어 갈 때쯤 '둘째는 없다!'는 내 생각이 조금씩 바뀌기 시작했다. 첫째가 여전히 외로워 보였고 둘째를 떠나보낸 내 마음도 어느 정도 무뎌지고 상처가 치유되어 가고 있는 게 느껴졌기 때문이다.

고양이를 키우면서 나와 가족들은 점점 길고양이에게 밥을 주게 되었고 그러다 보니 길고양이들의 삶에 관심을 가지게 되었다. 길고양이들이 얼마나 힘들게 살아가는지 알게 되면서 둘째를 데려온다면 이런 아이들을 데려와서 배고픔 없이, 아픔 없이, 추위 없이 보듬어주고 싶었다. 그래서 둘째를 입양한다면 꼭 길고양이를 입양해야겠다고 생각했다. 가족들에게 둘째 입양 의사가 있음을 알리고 동의를 받았다. 그리고 둘째는 구조묘나 유기묘를 데려오고 싶다는 생각을 밝혔다. 다행히도 가족들도 좋다며 찬성했다. 그때부터 고양이 카페 입양 글과 포인핸드 어플을 보면서 묘연이 느껴지는 고양이를 찾게 되었다. 그러다가 포인핸드 입양 글에서 '아리'라는 이름의 작은 고양이를 보았다. 예쁜 눈에 도도한 표정으로 앙다문 입이 너무 매력적이었다. 로이는 사람에게 무심한 편인데 아리는 사람을 잘 따르고 장난기도 많다고 해서 너무 기대되었다.

입양 날, 장마라서 서울의 도로 곳곳이 침수되어 입양 오는 길에 임보자님이 고생을 많이 하셨다고 들었다. 나도 아리를 기다리느라 잠을 못 잤다. 원래 밤 9시 전에 도착한다 하셨는데 밤 12시를 넘겨서야 아리를 인계받았다. 한 달 반이 된 작은 고양이는 로키라는 예쁜 이름이 딱 이었다. 로키는 그렇게 늦은 밤, 먼 길을 돌아 나에게 와주었다. 로키를 만나고 지금까지 조용한 날이 없다. 로키는 어린 고양이답게 하루 종일 지치지도 않고 장난감을 열심히 가지고 논다. 그리고 틈틈이 첫째 로이를 괴롭히기도 한다. 둘이 투닥투닥 하다가도 붙어서 자는 모습을 보면 흐뭇하다. 성장기라 밥도 얼마나 많이 먹는지 밥을 주고 돌아서면 또 밥을 달라고 한다. 아픈 곳도 없이 쑥쑥 자라 첫째를 금방 따라잡을 것 같다. 자라는 모습을 보면서 행복하기는 하지만 한편으로는 첫째 로이가 스트레스 받을까 무섭기도 했다. 별이 되었던 둘째를 복막염으로 아프게 떠나보내서 혹시나 로이도 스트레스를 많이 받아서 잘못될까 걱정되었기 때문이다. 다행히도 로이와 로키가 잘 지내줘서 너무 고맙고, 로키를 입양하길 잘했다고 생각한다.

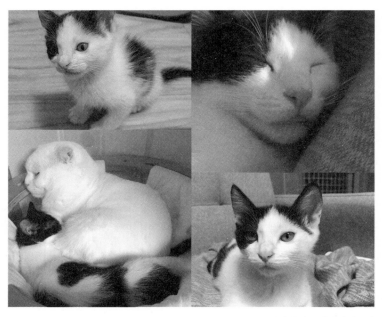

입양 후의 로키와 첫째 로이

비쥬와 슈슈의 이야기

비쥬와 슈슈의 이야기

비쥬와 슈슈 구조 이야기

정지혜

여느 때와 같이 평범한 하루 끝에 피곤한 몸을 이끌고 집으로 올라가는 계단에서 그 인연은 시작되었다. 빛나는 동그란 두 눈동자, 어둑한 밤하늘을 닮은 새까만 몸, 소복이 쌓인 눈을 밟은 듯한 발. 나는 너무나도 놀라 순간 멈칫, 그대로 굳어 버렸다.

'너는 날 언제 봤다고 담담히 내 앞에 앉아 있는 거니..'

한동안의 정적 끝에 그 친구는 당황한 기색 없이 조용히 계단 옆으로 뛰어 내려가 유유히 사라져 갔다. 놀란 가슴을 부여잡고 집 안으로 들어온 나의 입가에 뒤늦은 미소가 지어졌다.

'너무나도 예뻤던 그 아이는 누굴까?'

바쁜 일상 속에 그 친구를 잊어갈 때쯤 그 친구는 나를 다시 찾아왔다. 이제는 우리 집 현관문 앞까지 자리를 제대로 잡고, 홀연히 앉아 있는 그 친구를 보고 있다가 문득 츄르 생각이 났다. 캣맘은 아니었지만, 예전부터 망고스틴을 닮은 고양이의 앞발을 너무도 좋아했던 터라 가방 속에 항상 츄르를 비상식량처럼 넣고 다니다가 지나가는 길냥이가 보이면 나눠줬었다. 조심스레 다가가 가방에서 꺼낸 츄르를 접시 위에 짜주었다. 멀리 떨어져 몰래 숨어서 지켜보니 할짝할짝 너무나도 잘 먹었다. 행복했다. 남은 츄르 3개를 더 뜯어 접시에 놓아주었다. 또 잘 먹는다. 더 주고 싶었다. 다 주고 싶었다! 모든 간식을 주고, 남은 게 없어 다급한 나머지 밖으로 뛰쳐나가 다양한 간식과 캣닢이 들어있는 고등어 인형도 같이 사들고 돌아와 헐떡거리며 그 친구를 기다렸다. 몇 분이 흘렀을까. 다시 모습을 보인 그 친구는 그 자리 그대로 앉아 나를 기다려 주었다. 서둘러 간식을 꺼내고 고등어 인형을 주니 엄청 좋아하며 부둥켜안고 뒹굴면서 놀았다. 너무 귀여웠다. 간식을 잘 먹는 그 모습도 너무 귀여웠다. 맛있게 먹어주는 그 친구를 보고 있다가 문득 복슬복슬 검은 털에 땡그란 두 눈동자가 '센과 치히로의 행방불명'이라는 영화 속 숯검댕이가 떠올랐다.

'그래, 넌 이제 검댕이야!'

기뻤다. 이름 없는 길냥이에게 이름을 붙여주고 나니, 이 친구와는 더 돈독해진 것 같고 더 친해진 것 같은 기분이 들었다.

검댕이

그 후, 우린 매일 저녁시간을 같이 보냈다. 나 혼자만의 짝사랑 같은 시간이었다. 내가 밥을 주긴 하지만, 닿는 건 허락하지 않는 그 밀당에 혼자 배시시 웃으며 그래도 좋다고 생각했다. 이제는 내가 조금 익숙해진 걸까, 코앞까지 다가가도 도망가지 않는 검댕이. 쪼그려 앉아 그 날도 나는 검댕이를 쳐다보았다.

'내가 너무 먹여서 살이 찐 건가. 뱃살이 이젠 바닥까지 닿네. 그래도 뚱냥이가 더 귀여우니깐 더 먹어!'

뚱뚱해진 뱃살을 보며 그래도 귀여워 간식을 마구마구 주었다. 왜냐하면, 주어도 주어도 마구마구 먹었기 때문이다. 그렇게 마냥 행복할 것만 같았다.

어느 날, 비가 많이 내렸다. 저녁 시간이 훌쩍 지났는데도 검댕이는 보이질 않았다. 난 혼자 온갖 걱정을 하며 우산을 들고 동네를 뒤졌다. 결국 그 날부터 며칠간 검댕이는 나타나지 않았다. 모습을 감춘 검댕이가 미웠다. '내가 그렇게 잘해줬는데... '그리움과 함께 알 수 없는 배신감에 슬펐다. 시간이 얼마나 흘렀을까. 비 온 뒤 맑음. 아주 화창한 날씨 속에 현관문 앞에 아무 일도 없었다는 듯이 앉아있는 검댕이. 배신감보단, 안도감과 다행이라는 한숨이 먼저 나왔다. 어디 갔다 이제 왔냐며 투정 부리듯이, 그동안 못 주었던 간식을 몽땅 꺼내 주었다. 다시 검댕이의 식사시간을 조용히 바라보았다. 그런데, '배가 축 처져있네?' 젖꼭지 주변에 동그랗게 벗겨진 듯한 털들이 보였다. 저건 분명 TV 동물농장에서 봤던 출산 후 어미 고양이의 젖 모양이었다. '에이, 설마?' 계속 설마 설마 했다. 내가 본 그 뱃살이 설마 임신한 배인 줄은 정말 꿈에도 몰랐다. 놀란 나는 엄마한테 뛰어가 "검댕이 새끼 낳았나 봐!"라고 소리쳤다. 엄마는 고양이를 무서워하는 사람이라서 검댕이 밥 주는 것도 싫어했다. 가끔 데이트를 하다 집에 늦게 들어가는 날에는 검댕이가 나를 기다리다 지쳐서인지 우리 집 거실까지 걸어 들어와서는 본의 아니게 우리 엄마를 놀라게 했기 때문이다. 검댕이를 싫어했던 엄마는 "임신을 해서 그렇게 밥 달라고 냐옹거렸구나. 쯧쯧, 불쌍하네. 밥 더 줘라." 우리 엄마가 밥을 더 주라고 한 적은 처음이었다. 그때 나는 '아, 이제 엄마랑 같은 어미여서 그런가?!'라는 생각이 들었다.

검댕이는 나를 배신한 게 아니었다. 그동안 새끼를 출산하고 젖
먹이느라 정신없고 바빴을 거고 그 어린 새끼들을 두고 혼자 돌아
다닐 여유가 없었을 테지. 그때 비로소 검댕이를 오해했던 나 자
신이 부끄러워졌다. 검댕이는 마치 처음부터 널 배신한 적이 없단
듯이 맛있게 밥을 먹어주고 있었다. 그 날 이후로 항상 같은 시각
에 같은 장소로 찾아와 밥을 먹었다.

그런데 어느 날 검댕이는 밥을 주어도 먹는 둥 마는 둥 하며 며
칠간 계속 앞에 앉아 울기만 하였다. 난 얘가 왜 이러는지 걱정만
되었다. 그리고 또다시, 모습이 보이지 않았다. 그 날도 장대같이
비가 쏟아지던 날이었다. 저녁을 먹으려 숟가락을 들었을 때, 옥
상 쪽에서 할머니들의 웅성거리는 소리와 함께 아기 고양이 울음
소리가 들려왔다. 순간 나도 모르게 옥상으로 올라가 보았다. 옥
상 창고 앞에는 아직 한쪽 눈도 못 뜬 아기 고양이가 우렁차게 울
고 있었다. 그리고 그 옆에는 차갑게 죽어있는 아기 고양이. 누가
보아도 검댕이의 새끼임을 직감할 수 있었다. 할머니는 당황하시
며 "어째 이곳에 새끼를 낳았을꼬. 난 그것도 모르고 요 며칠간 창
고 문을 닫아 두었지 뭐람." 그 말을 듣는 순간 내 머릿속에 퍼즐
조각들이 맞춰졌다. 인적이 드문 옥상 위 작은 창고 안에 새끼들
을 낳고 돌보다가 잠깐 나온 사이에 할머니께서 창고 문을 닫아
막힌 문 앞을 보고 당황했을 검댕이의 모습이 그려졌다. '그래서
내 앞에서 하염없이 울기만 했구나. 문 열어 달라고. 그 안에 내 새

끼가 있으니 문 열어 달라고.' 얼마나 좌절했을까. 안에 새끼들이 있어도 들어가지 못해 젖도 주지도 못하고. 문 밖에서만 서성 거렸을 어미의 심정을 나는 감히 헤아릴 수도 없었다. 너무나도 미안한 감정 위로 내 두 눈엔 앙상하게 마른 아기 고양이가 보였다.

순간 정신이 번쩍 든 나는 밖으로 뛰쳐나가 근처 애견 용품점으로 뛰었다. '저 아이만큼은 살려야 해!' 비가 쏟아지던 말던, 우산 챙길 겨를도 없이 일단 계속 뛰었다. 애견용품점에 도착한 나는 사장님께 아기 고양이 사진을 보여주며, 다급하게 뭘 먹여야 하냐고 물었다. 평소 간식을 사러 자주 갔던 터라 친분이 있었던 사장님은 캔 분유와 함께 이것저것 싸주셨다. 어서 돌아가 캔 분유를 주사기에 주입 후 젖병 꼭지를 끼우고 서둘러 입에 넣어 주었다. 그런데, 안 나온다. 너무 다급한 나머지 꼭지 앞부분을 가위로 잘라 주어야 한다는 걸 잊었다. 서둘러 가위로 살짝 자르고 억지로라도 먹였더니 처음에는 거부하는 듯 했지만, 한번 맛을 보고 나서는 아주 잘 빨아먹었다. 쫍쫍 소리를 내며 눈을 감고 먹는 모습을 보고 나니 '아, 살았다.' 안도감이 밀려 왔다.

한참을 먹이니 이제야 너무나도 예쁘고 천사 같은 아기 고양이의 모습이 눈에 들어왔다. 아기 고양이를 실제로 내 눈앞에서 본 것은 난생처음이었다. 아주 작은 귀와 딸기 우유 빛깔 젤리에 나름 고양이라고 붙어 있는 발톱부터 앙칼진 울음소리, 깡총거리며 뛰는 모습까지 모든 행동들이 너무나도 귀여웠다. 아기 고양이는 사람을 너무 좋아하는 듯 사람이 있는 곳으로만 갔다. 신기했다. 이렇게 고양이가 사람을 좋아하나? 한동안 그 귀여움에 푹 빠져 행복한 시간 뒤로 이제는 어쩌지 라는 막연한 걱정이 몰려왔다. 당황한 나에게 할머니는 알아서 하라고 하셨고 나는 더욱 혼란에 빠졌다. 당장 생각나는 사람은 남자 친구였다. 데이트를 하다 돌아가는 길에도 우린 동네에 있는 길냥이들을 코스로 보러 다니곤 했다. 우리 둘 다 고양이를 좋아했기 때문이다. 남자 친구는 친구들과 저녁 식사하는 와중에도 당황한 나의 소식을 듣고 바로 달려와 주었다.

 제일 걱정이 되었던 것은 바로 오늘 밤을 당장 어떻게 넘기냐는 것이었다. 함께 온 친구들과 내 주변 친구들, 지인들에게 다 부탁을 해보았지만 마땅히 여건이 안 되었다. 근처 동물병원에도 다 수소문해 보았지만, 돌아오는 답변은 한결같았다. '길고양이여서 저희가 맡아 드릴 책임은 없습니다.' 그때 마침, 그동안 평소 우리 동네 길고양이들에게 몇 년간 남몰래 밥을 주고 다니셨던 아저씨께서 지나가셨다. 평소 고양이를 보다가 자주 마주쳤기에 단번에 알아보았다. 인사는 한 번도 못해 보았기에 머뭇거리며 지푸라기라도 잡아 보자는 심정으로 지나가시는 아저씨께 사정을 말해 보았지만, 결국 여건이 마땅치 않다며 손사래 치셨다. 너무 절망스러웠고 이마엔 땀방울이 맺혔다. 그 모습을 본 엄마는 깊은 생각에 끝에 조용히 나에게 다가와,"오늘 밤만이야? 그럼, 우리 집에서 하룻밤만 돌보고 내일 당장 보낼 곳을 알아 보거라."

　엄마의 그 한마디에 나는 그제야 막혀 있던 한숨을 내쉬었다. 그리고는 그제야 어여쁜 아기 천사의 모습이 눈에 들어왔다. 남자 친구가 손으로 안아 가슴에서 재우니 따뜻한 온기를 느껴서인지 금세 잠이 들어 더욱 예뻤다. 조심히 한 걸음, 한 걸음. 혹여 깰까 봐 마치 남자 친구가 고양이가 된 듯 조심스러운 발걸음에 곤히 잠든 아기 천사를 숨죽여 보았다. 그런데 문제는 그 따뜻한 손길로부터 시작되었다. 밤이 깊어 남자 친구가 집으로 돌아가고 난 후, 아기 고양이가 깨어 울고 있었다. 남자 친구 품에서는 한없이 얌전히 잠들었던 아기 고양이는 왜 내 품에서만 우는지 모를 일이었다. 어찌할 바를 모르는 나는 아기 고양이가 배가 고픈지, 추운지, 심심한지, 어디가 아픈지 등등 많은 의문과 함께 어르고 달래보았다. 이유도 모른 채 그렇게 나는 그날 밤을 꼬박 지새웠다. 그날 새벽 아기 고양이도 울고 나도 울고 싶었다. 어떻게 해주고 싶은데, 어찌할 바를 모르겠다. 그래서 곰곰이 생각 끝에 고양이 관련 오픈 채팅방에 물어도 보고 포털사이트에 검색도 해보고 동영상도 찾아보며, 그렇게 힘든 밤을 지새우고 있었다.

　'한 생명을 돌보는 게 이렇게나 어려운 일이구나.'

문득 곤히 잠이 든 우리 엄마 얼굴을 보며 나도 모르게 눈물이 흘렀다. 고양이도 이렇게나 돌보는 게 어려운 일인데 우리 엄마는 수십 년간 어찌 나를 돌보아주셨을까. '감사합니다.' 그동안 고양이가 마냥 귀여워 키우고 싶었던 적이 많았다. 그런데 엄마는 항상 반대를 했었다. 그런 엄마가 미웠다. '왜 안 되는 거야? 이렇게나 귀여운데?' 지금 느껴본 생명에 대한 책임감은 막중했다. 생각보다 무거웠고, 생각보다 어려웠다. 빛나는 새벽 별빛을 보며, 생각이 깊어지는 밤이었다.

아침이 다가오고, 출근 시간이 다가왔다. 걱정 속에 우울하게 움직였다. '이제 이 아기 고양이를 어쩌지?' 처량하게 고양이 카페의 등업 소식만 하염없이 기다렸다. 인사말을 남기고 댓글을 달아 등업 요청을 하고, 수락이 되어야만 카페에 글을 올릴 수가 있었기 때문이다. 암울한 걱정 속에 출근을 재촉하는 발걸음을 이끌고 직장으로 향했다. 머릿속은 온통 아기 고양이 생각뿐이었다. 집에 남아 있는 가족들이 없어 고심 끝에, 혹시라도 어미가 다시 찾아올까봐 아기 고양이를 처음 발견된 옥상 위 창고에 다시 두었기 때문이다. 박스 안에서 혼자 처량하게 울고 있을까, 배고파하지 않을지, 누가 잡아가지는 않을지, 다른 길고양이가 아기 고양이 울음소리를 듣고 해코지는 하지 않을까 등등 너무 많은 걱정이 내 머릿속을 헤집어 놓았다. 일은 하고 있지만, 정신은 온통 딴 곳이었다. 다행히도 등업이 빨리 되어서 떨리는 손을 붙들고 분양이나, 임시 보호를 필요로 하는 글을 올렸다. 틈날 때마다 카페에 글을 최대한 많이 올렸다. 댓글로도 여기저기 도움을 요청하였다. 긴장되는 시간 속에서 카페를 둘러보니, 나뿐만이 아니라 많은 이들이 도움을 요청하고 있었다. 나는 내가 발견한 아기 고양이가 세상에서 제일 먼저 도움을 필요로 하고, 제일 시급한 줄 알았다. 그런데 너무나도 안타깝게 나같은 심정의 사람들이 많았다. 다른 이들도 절박하고, 시급했다. 이 많은 고양이들이 도움을 필요로 한다는 사실이 안타까웠다. 여태껏 나는 그저 귀여워만 했다. 고양이는 귀여우니까. 고양이는 아무런 죄가 없다. 그저 이 세상에 태어난 것뿐인데. 많은 고양이들이 도움을 필요로 했다. 현실은 냉정했고 냉담했다. 구청에 전화를 하고, 동물병원에 도움을 요청해 보아도, 돌아오는 답변은 "길고양이들은 저희가 법적으로 도와주어야 할 의무가 없습니다." 그저 길에서 태어나고 길에서 자랐다는 이유 하나만으로 언제 꺼질지 모르는 생명을 도와주지 않는다니.

펫샵에서는 전화 한 통에 첫마디가 "아기 품종이 뭐예요?" 저 차가운 질문 한마디에 난 그저 할 말을 잃을 수밖에 없었다. 마음이 아팠다. 현실은 좋은 품종의 고양이, 귀한 품종의 고양이만을 선호하고, 대접을 받는구나. 그런 아이들일수록 도움을 받을 수 있구나. 다 똑같은 고양이인데. 차디찬 현실을 겪고 난 후, 아기 고양이에게 너무나도 미안했다. 넌 아무런 잘못이 없다. 그저 이 세상에 태어나, 어떻게든 살아 보겠다고 울부짖고 있는데 길에서 태어 났다는 이유만으로 외면을 받아야 되는 현실에 내가 너무 미안해 졌다. 그래서 아기 고양이에게 더 이상 미안하지 않도록 더욱 힘 을 내었다. 이 세상에 태어난 게 죄는 아니라고, 너도 행복해질 수 있다고, 너도 분명 좋은 가족을 만나 함께 기쁨을 나눌 수 있는 소 중한 한 생명이라고. 오기라도 났던 걸까. 나는 포기하지 않았다. 카페에서 분양글 때문에 이용정지를 당하고, "이런 곳에 글 올리 시면 안 되세요." 라고 핀잔을 들어도, 계속해서 다른 카페도 가입 하고 어플도 다운을 받아 도움을 요청하였고, 꿋꿋이 연락을 기다 렸다. '도와주실 거야. 분명 도와주실 분이 계실 거야. 세상은 그래 도 따뜻하니까, 그래도 아직 살만하니까.' 오랜 기다림 속에 나의 간절함이 닿았을까. 문자 한 통이 울렸다. '아기 고양이는 건강합 니까?' 이 질문 하나에 나는 울컥 눈물이 났다. "아, 살았다!" 품종 대신 건강을 먼저 물어봐 주시는 이 분이라면 됐다는 생각이 먼저 들었다. 역시 아직 세상은 살만 했다. 부푼 마음을 진정시키고, 문 자를 보냈다. '도와주세요. 아기는 건강한지 모르겠습니다. 아기 고양이가 너무 어려서 제가 할 줄 아는 게 없습니다.' 그렇게 대화 의 물꼬를 텄다. 그 분을 통해 임보가 무슨 말인지부터 시작해서 많은 고민과 상담을 시작하였다. 문자로 대화를 하면서 드는 생각 은 '이 분은 참으로 대단하시다.'였다. 임시 보호를 약 2년간 해오 시고, 자비로 병원비며 수술비며 사료비까지 모든 걸 감수해 내시 면서까지 길 위의 많은 생명들을 돌봐 주셨다. 이 분이라면 이 혼란과 어둠에서 한 줄기의 빛과 같을 것이라는 생각에 번호를 먼저 저장했다. 저장명은 냥냥천사님! 이렇게 좋은 인연을 만난 것에 감사했다.

임보자님은 최근에 임시 보호를 하던 아기 고양이가 병원에서 죽음을 맞이했던 일 때문에 많은 고심을 하셨지만, 결국은 우리 고양이들의 임시 보호를 허락해주셨다. 자비로 비싼 병원비를 내고 고양이를 치료했음에도 불구하고 아기 고양이는 입원 중에 별이 되었던 것이다. 당시 나는 일을 하고 있었기에, 남자 친구에게 부탁하여 아기 고양이를 데리고 와달라고 하였다. 그런데 문제는 예기치 못한 곳에서 터졌다.

옥상 위 창고로 향한 남자 친구는 아기 고양이가 들어있던 박스를 들어 올리는 찰나, 아기 고양이는 야옹~ 하고 울었고, 창고 깊숙한 곳에서 야옹~ 하고 또 다른 울음소리가 들렸다고 한다.
'이게 무슨 소리지? 한 마리가 더 있나?' 남자 친구는 서둘러 창고를 뒤졌다. 울음소리가 계속 나는 게 아니고 상자 속 아기 고양이가 한번 울면 창고 속에서 아주 작게 야옹~ 하고 대답했기 때문에 위치를 알 수가 없어 계속 찾아 헤맸다고 한다. 한 번 듣고 아기 고양이가 있을지도 모르는 불확실한 상황 속에 남자 친구는 한여름 뙤약볕에 제일 더운 오후 3시에 땀으로 온몸을 적셔가며 그 좁디좁은 복잡하고 더러운 창고 속을 찾아 헤매었다. 한참을 찾고 찾아도 보이지 않아 너무 힘든 나머지 나에게 연락을 했다. "한 마리가 더 있는 것 같다." 순간 나는 너무 당황스러워 아무 말도 하지 못했다. 그 와중에도 헉헉거리며 혼자 먼지 구덩이를 뒤지고 찾아 헤매는 소리가 전화기 너머로 들려와 더 아무 말도 할 수가 없었다. 혹시나 하는 마음에 희망을 품었지만 숨이 넘어가도록 찾는 소리에 그만 하라고, 그만 포기하자고, 이제 그만 찾으라고 했다. 남자 친구는 아무런 대답도 하지 않은 채 묵묵히 아기 고양이들을 계속 찾았다. 나는 숨죽여 기다렸다. 그렇게 한참을 찾다가 남자 친구의 헐떡거리는 목소리가 들렸다. "찾았다! 근데 한 마리가 아니야. 3마리가 더 있어!" 너무 놀라 일하다 말고 소리쳤다. 검댕이는 무려 5마리를 낳았던 거였다. 한 마리는 죽고, 한 마리는 내가 발견하였고, 세 마리는 남자 친구가 발견하였다. 헐떡거리는 소리에 괜찮냐고 물었다. 남자 친구는 고양이의 상태를 말해주었다. "한 마리는 튼튼한데, 두 마리는 너무 아파 보인다." 그 소리에 나는 당장 임보자님이 떠올라 급하게 연락을 취했다. 현재 상황을 들은 임보자님은 난감해하셨다. 한 마리가 아닌 무려 네 마리가 되어 버린 지금이 당혹스러울 수밖에 없었다. 나도 그때부터 혼란에 빠졌고 이제 어쩌지 라는 막연한 근심에 싸여 있었는데 남자 친구가 왔다. 박스 안에 옹기종기 모여있는 네 마리의 꼬물이들. 그중 아빠 고양이의 색깔인 듯한 주황색의 얼룩이들 두 마리가 보였다. 한눈에 봐도 덩치가 작고 말랐다. 앙상한 갈비뼈를 바로 알아보았을 정도였다. 난감했다. 당장 조치를 취하지 않으면 곧 꺼

져버릴 생명들이었다. 답답한 마음에 임보자님께 다시 전화를 걸어 상담을 요청했다. 건강한 아이만 살리자니 옹기종기 모여 아픈 친구 눈을 핥아주는 검댕이 새끼들이 눈에 밟혔다.

  그래서 결국 나는 박스 채 다시 옥상 위에 올려놓기로 결심했다. 다시 돌아올 검댕이에게 희망을 걸었다. 다시 돌아올 수도 있다고 하니, 그게 좋을 것 같다고 했다. 모든 것을 내려놓고 싶었다. 모든 것이 처음이었던 나에게 이런 상황은 마냥 버거웠다. 한 마리가 아니라 무려 네 마리에, 아픈 아가들이 둘이라니. 이제 와서 생각해보면 그 당시에는 이 결정이 그 친구들을 위한 결정이라는 핑계였고 어쩌면 그 상황을 그저 외면하고 싶었을지도 모른다. 그 친구들의 생명보단 나의 곤란한 상황을 일단락 시키고 싶은 마음이 먼저 들었을지도 모르겠다. 나도 참 이기적이었다. 그렇게 후회로 남았을 뻔한 일이었는데 나에게 손길을 먼저 내밀어준 사람은 임보자님이었다. 마지막으로 어여쁜 아가들의 모습이라도 남기고 싶어서 사진을 찍어 임보자님께 보내드렸고, 그 사진 속 아가들의 눈빛을 외면하지 못하셨을까. 그 고운 마음씨가 나를 이끌어 주셨다. '제가 무리해서라도 건강한 아이만이라도 살려볼게요! 병원비, 사료비 등등 들어가는 비용은 전부 제 사비로 책임져볼 테니 제가 용기 내보겠습니다! 다시 길 위로 보내기엔 너무나도 어여쁜 아가들이네요.' 임보자님의 용기 있는 굳은 결심이 나의 결정을 되돌려 주셨다. 그 말을 들은 나는 깊은 안도감과 함께 아기 고양이들을 쳐다보았다. 참, 이 친구들 덕에 하루동안 지옥과 천당을 왔다 갔다 한 것 같았다.

퇴근 후 우리 집 앞까지 찾아와주신 임보자님은 박스 안에 옹기종기 모여 서로의 체온을 나눠주는 모습을 보시고는 첫마디는 "아, 다 데려가고 싶다."였다. 참으로 마음씨가 고운 분이시다. 분명 무리해서라도 이 생명들을 살리고 싶으셨을 거다. 저 한마디에 나는 알 수 없는 부끄러움을 느꼈고, 다시 한번 감사함을 느꼈다. "너무 예쁜 아가들이네요. 이렇게 형제들이 함께 서로 챙겨주는 모습을 보니 전부 다 데려가 죽든 살든 제가 끝까지 다 책임지고 싶은데요." 그런데 임보자님이 함께 오신 남자 친구분의 눈치를 살피는 듯했다. 남자 친구분께서는 최근에 임보자님이 고양이 별로 떠나보낸 아기 고양이 때문에 많이 힘드셨던 그 마음을 걱정하셨을 거다. 이번에도 아픈 친구들까지 모두 거둔다면 혹시라도 임보자님 마음의 상처가 깊어질 것을 아셨을 거다. 그래서 논의 후, 건강하고 조금이라도 살릴 수 있는 아가들 두 마리만 임시 보호해주시기로 결정을 하셨다. 너무 기쁜 마음에 눈물이 날 뻔했다. 목소리는 떨려왔고, 손과 다리는 후들거렸다. "정말 감사드립니다!" 어려운 결정인 걸 알았기에 더욱 감사드렸다. 그렇게 보내기 전에 나는 마지막으로 아가들을 한 번 더 쳐다보았다. 차마 만질 수가 없었다. 그동안 길냥이들을 만나면 너무 귀여운 모습에 한 번이라도 더 만지고 싶었고, 마음을 주고 싶었다. 그런데 이제와 실감했다.

언제나 그 뒤에는 책임이 뒤따른다는 것을. 생명의 무거움을 알게 된 것이다. '너네들만이라도 살아서 꼭 행복하길 바란다. 이 세상에 태어난 것이 불행이 아닌 축복이었길.' 그렇게 검댕이를 꼭 닮은 두 친구를 보냈다. 그리고 내 손에는 임보자님이 쥐어주신 길냥이들 간식봉투가 들려있었다. 참으로 고마우신 분이다.

곧 꺼질 듯 희미하게 들려오는 아기 고양이 울음소리, 남은 아기 고양이는 이제 넷이 아니라 둘이었다. 그래서 더 추웠던 것일까. 눈도 안 보이는데 둘이 꼭 붙어 귀와 얼굴을 핥아주고 있었다. 아빠 고양이를 꼭 닮은 듯한 주황 얼룩무늬 아기 고양이들. 한참을 서서 쳐다보았다. 내내 참았던 눈물이 쏟아져 나왔다. '너네들을 이제 어쩌면 좋니.'

마음이 먹먹했다. 검댕이를 닮은 아가들은 임보자님에게 가서 이제 희망이라도 안겨주었지만, 이 친구들에게는 내가 해줄 수 있는 게 뭐가 있을지 한참을 고민했다. 세상에 태어나 품종이 있는 아가들은 좋은 곳으로 갈 수 있는 선택의 폭이 더욱 넓고 길냥이들 중에서도 예쁘고 건강한 아가들은 그나마 희망이 보이지만, 아픈 데다 곧 꺼질 듯한 울음소리를 내는 아가들은 절망뿐인가. 아사 직전의 아기 고양이들은 그래도 살고자 희미하게 울고 있었다. 그래도 살아보려고 서로의 온기를 나누어주었다. 그 모습을 한참을 울면서 보았다. 뭐라도 해야겠다는 생각에 젖병에 분유를 담아

억지로라도 아기 고양이에게 먹였지만, 계속 게워내며 뱉어내기만 했다. 아가들은 너무 괴로워하며 울었다. 눈도 못 뜬 아기 고양이들은 도무지 희망이 보이지가 않았다. 마지막으로 나는 박스 채 안고 제일 가까운 병원을 찾았다. 병원비가 얼마든 너희들에게도 희망이라는 선물을 주고 싶었다. 똑같이 이 세상에 태어났으니 이유는 없었다. 그냥 그렇게 해주고 싶었다. 떨리는 마음으로 진찰을 기다리며, 의사 선생님의 심각한 표정만을 쳐다보았다. 한참을 말없이 이리저리 보시던 의사 선생님은 나지막이 어렵게 한마디를 꺼내셨다. "이 아이들은 힘들겠어요." 눈물이 미친 듯이 났다. 혹시, 혹시라도 그래도 희망이 있지 않을까라는 절실함이 컸기에, 뒤따라오는 절망감과 미안함에 눈물이 쏟아졌다.

"어떻게라도 안 될까요? 치료하면 그래도 모르지 않을까요?"

안 된다는 걸 알면서도 떼쓰는 어린아이처럼 의사 선생님께 애원했지만, 돌아오는 답변은 나를 체념시켰다.

"치료를 한다고 해도 이런 아이들은 도중에 죽어버리는 경우가 많아요. 치료비도 만만치 않을 테고, 살아도 치료 과정이 이 아이들에게는 고통일 것입니다. 그러니 차라리 구청에 전화해서 편안하게 가라고 안락사라도 시켜주는 게 이 친구들에게는 그나마 안식을 주는 것일 겁니다."

나는 의사 선생님의 설득에 마음을 조금 진정시키고 그 자리에서 수많은 생각을 했다. 복잡한 마음에 임보자님에게 조언을 구했다. "의사 선생님 말대로 그렇게 하는 게 좋을 것 같아요. 저도 최근에 임보 했던 친구를 치료한다고 치료비는 치료비대로 나가고, 살리지도 못하고 죽어서 힘겹게 보내야만 했답니다."

나의 정신적 지주 같은 임보자님의 조언을 들으니 내가 앞으로 해야 할 일들이 선명해졌다.

'이 친구들도 나도 서로를 위하여 조금씩만 포기한다면, 그나마 덜 힘들지 않을까.'

괴로워하는 아가들을 보면서 더욱 신중한 결정을 내리려고 마음을 서서히 다잡아 갔다. 그렇게 나는 힘거운 밤을 이겨내 갔다. 다음 날 밝아오는 아침 햇살은 그날따라 왜 그리 더 야속하던지. 출근 후 다가오는 9시 정각의 시계를 하염없이 바라보다 떨리는 손길을 붙잡고 전화를 걸었다.

구조를 요청할 땐 많은 조건과 질문이 쏟아져 나왔지만, 이번에는 간단명료했다. 주소와 연락처, 성함과 함께 포획 후 다음날 안락사라는 간단한 설명과 함께 끊은 전화였다. 통화 후, 나에게 남겨진 무거운 시간들, 그 시간조차도 길지 못했다. 그날 오후, 바로 포획하겠다는 연락이 왔다. 뭐가 이렇게 간단한 건지, 생명을 거두는 일이 뭐가 이렇게 쉬운지 이유 없는 야속함에 속상했다. 퇴근 후 돌아온 집안은 어제와 다르게 쓸쓸하게 적막만이 감돌았다. 너무나도 고요함 속에 무겁게 내려앉은 마음을 안고 밖으로 나왔다. 깊은 한숨을 내쉬며 어두운 밤하늘을 올려다보았다.

'이 세상에 태어나줘서 고마워. 비록 내가 너희들에게 줄 수 있는 것들이 많지 않았지만, 짧은 시간이었지만 너무나도 사랑스러운 너희들과 함께 할 수 있었음에 감사해. 다음 생에는 좀 더 나은 세상, 좋은 사람 만나 꼭! 너희들도 행복해지길 기도할게. 너무나도 미안하다.'

그 날따라 유난히도 아련한 별빛들이 반짝이는 밤하늘 속에 우리 아기 고양이들의 별은 어디 있는지 한참을 올려다보았다. 몇 주가 더 지나고 임보자님에게 임보 갔던 아기 고양이들은 비쥬와 슈슈라는 이름을 얻었고 사료를 먹을 만큼 자라서 좋은 곳에 입양을 갔다는 소식을 들었다.

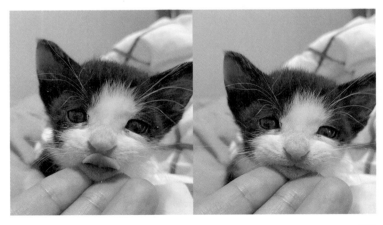

비쥬

장마가 끝나고 이제는 햇살이 따가울 만큼 쨍쨍한 날, 상쾌한 바람과 함께 기분 좋은 손님이 찾아왔다. 그렇게 애타게 기다리고 기다릴 땐 야속하게 안 오던 검댕이가 골목길에서 보였다. 왜 이제야 왔냐며 다가가니 오히려 예전과 다르게 나에게서 뒷걸음질을 쳤다. 당황한 나는 검댕이가 본인 새끼들을 안락사 시킨 것을 아는지, 입양을 보낸 것에 상처를 받아서인지, 많은 생각이 들었다. 난 그저 최선을 다해서 검댕이를 도와주고 싶었을 뿐이었다. 뒷걸음질 치는 검댕이를 보고 있자니 마음이 저려왔다. 집으로 돌아와 항상 밥을 챙겨주었던 그 자리에 그동안 못 주었던 영양식을 가득 준비하여 두었다. 검댕이가 마음을 풀었으면 하는 마음에 몰래 지켜보았다. 검댕이가 한동안 사료를 먹으러 오지 않아 풀이 죽어있던 나에게, 퇴근길에 보인 빈 밥그릇은 그날의 피로가 싹 풀리기에 충분했다. 그 날로 검댕이 밥을 더욱 맛있는 걸로 챙겨주고 싶은 마음에 이것저것 알아보고 있는 와중에 임보자님이 검댕이와 다른 길냥이들 함께 챙겨주시라고 사료 한 포대와 츄르 한 박스를 보내주셨다. 정말 큰 감사함과 감동을 받았다. 이렇게 나를 응원해주시는 분도 곁에 계시니 포기하지 않고 더욱 열심히 챙겨줘야겠다고 다짐했다. 그 노력의 결과인 걸까. 검댕이는 서서히 마음의 문을 열고 예전처럼 우리 집 앞에서 나를 마중해주었다. 맛있게 간식을 먹고 있는 검댕이를 바라보고 있자니 다시는 아프지 않고 상처 받지 않길 바라는 마음이 커졌다. 임보자님에게 자문하니 역시나 명쾌한 해답을 주셨다. 또다시 이런 가슴 아픈 상황이 생기지 않게 예방 차원으로 검댕이의 중성화 수술을 권유해 주셨다. 처음 들었을 때는 단순히 수술을 시킨다는 생각에 좀 망설여졌지만 암컷 길냥이인 경우에는 오히려 수술을 하고 나면 더 오래 건강히 살 수 있다고 조언해 주셔서 많은 고민 끝에 중성화를 시키도록 결정 내렸다. 막상 마음먹고 검댕이 얼굴을 보자니, 아무것도 모르는 똘망똘망한 눈망울이 나를 미안하게 만들었다. '그래, 내가 너에게 줄 수 있는 마지막 선물이다.' 굳은 결심을 하고 구청에 연락을 취하여 중성화 신청을 했다. 수술에 앞서 하루는 금식을 해야 한다고 하셔서 밥을 주지 못하고 내내 깃털로 놀아만 주었다. 검댕이는 밥을 먹지 못해서 그런지, 그날따라 오래 집 앞에서 앉아 있었다.

그리고 다음날, 포획해 주시는 기사님에게 연락이 왔다. 지금 고양이는 그 자리에 있냐고 물어보셔서 여전히 제 앞을 지키고 앉아 있다고 전했다. 그리곤 기사님이 바로 오셔서 나에게 포획틀을 손에 쥐어 주셨다. 항상 있던 그 자리에 두면 시간이 좀 걸리더라도 포획이 될 테니 기사님은 차에 가셔서 한숨 자고 오신다고 하셨다. 그 말을 들은 나는 황당하여 그 자리에 얼어붙어 있었다. 나에겐 검댕이를 포획한다는 것 자체가 큰일이고, 고양이를 포획해본 적도 없었기에 나에게 떠맡기듯이 회피하시는 기사님을 보고는 과연 내가 검댕이를 믿고 맡길 수 있을지 의구심이 들었다.

내 손으로, 묵직한 이 포획틀로 검댕이를 잡아야 한다는 현실이 너무나도 싫었다. 큰 용기를 내어 나를 쳐다보는 검댕이에게 다가 갔다. 살포시 내려놓은 무거운 포획틀. 검댕이는 처음 보는 큰 포 획틀에 살짝 냄새만 맡고는 항상 그랬다는 듯이 안쪽 깊은 곳에 있는 먹이 쪽으로 다가갔다. 순간 탁! 하는 소리와 함께 포획틀이 닫혔고 잠시 먹다가 놀란 검댕이는 닫힌 문을 향해 계속해서 머리를 박고 있었다. 그런 모습을 보고 있자니, 진짜 가슴이 찢어지고 눈물이 왈칵 돌았다. 나는 기사님께 무작정 뛰어갔고, 놀란 기사님은 어떻게 이렇게 빨리 잡혔냐며 나에게 물었다. 보통 길냥이들은 의심이 많아 포획하는데 길게는 며칠까지 시일이 걸린다고 말씀하셨다. 그만큼 나를 믿고 검댕이는 포획틀 안으로 들어간 것이었다. 뛰면서 억장이 무너지는 듯했다. 허겁지겁 돌아와 기사님은 서둘러 화이트보드에 여러 가지 정보를 적고는 사진을 찍었다. 사진을 찍는 내내 검댕이는 포획틀 벽에 코를 찧어가며 계속 포획틀에서 나오려고 발버둥 쳤다. 그 모습을 보고서는 너무 충격을 받아 당장이라도 그만하고 싶었다. 서둘러 기사님은 검댕이를 데리고 떠나려고 하였다. 중성화 수술을 미리 알아보았던 나는 뉴스에 나쁜 소식들을 접하게 되어 혹시나 하는 불안감에 기사님 손을 붙들고는 수술일정과 병원은 어디인지, 찾아도 되는지, 추가로 필요한 치료는 제가 부담할 테니 할 수 있는 건 다 해달라고 부탁드리면서 계속 같은 말만 반복했다. "검댕이 제발 잘 좀 부탁드려요." 불안한 나에게 제대로 인사조차 못하고, 서둘러 그렇게 검댕이를 보냈다. 하염없이 떠나가는 기사님만 바라보았다. 검댕이가 있던 그 자리에는 그토록 좋아하던 고등어 인형만이 남아 있었다. 내가 무슨 일을 저지른건지, 내가 그 검댕이한테 위선의 거짓말로 꼬드겨낸 건 아닌지, 내가 정말 그 친구를 위해서 한 행동들이 맞는지 자꾸 자책만 하게 되었다. 머릿속은 완전히 혼란상태에 빠져 더 이상 생각이란 걸 할 수가 없었다. 다급하게 임보자님에게 연락을 드렸다. 뜬금없이 소식을 전했음에도 불구하고 당황한 내색 없이 차분하고 침착하게 "잘하셨어요. 잘한 일이에요. 전부 검댕이를 위한 일인걸요." 라며 나를 다독이셨다. 순간 고여 있던 눈물이 다시금 쏟아졌다. 그 위로의 말들을 듣는 내내 내 머릿속은 나를 믿고 의심조차 못하고, 천진난만하게 포획틀 안으로 들어간 검댕이 모습뿐이었다. 상처를 주고 싶지 않아 했던 나의 행동이 검댕이에게 더 큰 마음의 상처를 준건 아닌지 걱정될 뿐이었다. "다시 돌아올까요? 방사 후에도 검댕이가 기억하고 다시 돌아올까요?" 떨리는 손을 붙잡고 애원하듯이 물어보았다. 임보자님은 다시 꼭 돌아올 거라며, 하염없이 위로만 해주셨다. 그 말들을 믿었고 나 또한 어느 정도 진정이 되었다. 밥 먹으라는 엄마의 목소리가 싫었다. 괜한 심술에 방문을 걸어 잠그고, 이불을 뒤집어썼다. 칠흑같이 어두운 내 방 안에서 혼자 흐느껴 울었다. 난 사람을 잘 믿고, 정을 많이 준다. 그만큼 상처를 많이 받는다. 사람에게 상처를 받을 때면 이렇게 이불 속 안에서 흐느껴 울어버린다. 배신을 당하는 게, 버림을 받는 게 얼마나 쓰린지 그 누구보다 잘 알기에 이 순간 눈물이 멈추질 않았던 것 같다. 검댕이도 그럴까 봐. 한참을 울고 있는 나에게 엄마가 위로의 손길로 토닥여 주셨다.

"엄마도 검댕이가 걱정이 돼. 치료 잘 받고 오면 우리가 더 많이 맛있는 것도 챙겨주고 재미있게 놀아주자!"

나는 기필코 꼭 그렇게 하겠노라고 다짐했다. 검댕이만 돌아와 준다면.

다음날 아침 출근길에도, 어제 저녁부터 입맛도 없고 기운도 나질 않았다. 마치 실연당한 여자처럼 얼이 빠져있었다. 그때 마침, 핸드폰에 울린 카톡 소리에 들여다보니 임보자님께서 여태껏 이곳저곳 알아봐 주시다가 한 카페 속 댓글을 캡쳐 해서 보내주셨다. 다행히도 도봉구는 중성화 수술을 집도하는 병원에서 고양이를 케어도 잘해주시고, 수술도 꼼꼼하게 잘 마무리해주시며, 회복할 수 있는 시일도 5일 정도로 충분한 시간이라고 하셨다. 그 메시지를 보곤 안도의 한숨이 나왔다. 그나마 마음의 짐을 조금은 덜 수 있었다. 그렇게 하루하루 건강히 다시 돌아오기를 손꼽아 기다렸다. 태풍이 한반도를 강타한 후 하늘이 청명하게 개고, 선선한 바람이 불었다. 기분 좋은 날씨였다. 마침 수술을 마치고 검댕이가 우리 곁으로 돌아오는 날이었다. 기사님께 전화를 걸어 서둘러 내가 퇴근하고 돌아가고 있으니 내가 보는 곳에서 방사를 해주시기를 부탁드렸다. 그렇게 열심히 집으로 돌아가는 길에 마을버스 한 대를 놓쳐 버렸다. 설마 하는 마음에 아저씨께 전화를 하니

바쁘셔서서 이미 방사를 하셨다고 했다. 당혹스러운 마음을 안고 서둘러 집으로 향했다. 건강하게 잘 돌아왔는지, 어디 상한 곳은 없는지, 밥은 많이 먹었는지, 궁금하고 걱정되는 게 한두 가지가 아니었다. 빨리 얼굴을 한 번 보고 싶었다. 집에 도착하고 포획한 곳부터 그 주변까지 온 동네의 차 밑까지 전부 뒤졌다. 하지만, 그 어느 곳에서도 검댕이를 발견하지는 못했다. 심란한 마음에 아저씨께 방사한 게 맞는지 재확인을 했고, 아저씨는 검댕이가 돌아오는 데 며칠은 걸릴 거라고 했다. 아닐 거라 생각했지만, 막상 현실로 다가오니 어찌할 바를 몰랐다. 다시 돌아올 거야, 다시 돌아올 거라 그렇게 믿었다. 하루 이틀 일주일이 지나고, 또 얼마나 지났을까. 기대가 실망으로, 실망이 체념으로 바뀌어 갈 때쯤 올해 태풍도 다 지나가고, 어느덧 드높은 가을 하늘이 나에게로 성큼 다가올 준비를 했다.

세월을 시간에 맡기고, 내 마음도 하늘에 맡기니 그 인연은 다시 나에게로 찾아왔다. 가족들의 제보를 시작으로 검댕이의 목격담이 하나, 둘 늘어났다. 기다리면 언젠가는 반드시 만날 거라는 작은 실낱 같은 기대를 안고, 검댕이가 먹어주길 바라는 마음에 매일매일 사료를 같은 곳에 두었다. 그런데, 어느 날 사료 한 움큼이 사라졌다. 다른 길냥이인 것일까, 아니면 우리 검댕이인 것일까. 나는 묵묵히 사료를 두었다. 그리고는 다음날 헐떡거리며 소리치는 엄마의 목소리가 들려왔다. "검댕이가 문 앞에서 사료를 먹고 있어! 어서 나가봐!" 그 소리에 바로 나가 보았다. 제일 먼저 보인 건 조금 잘린 귀였다. 중성화 수술을 하면 귀를 커팅하여 표시한다고 들어서 조금만 잘라 달라고 간곡히 부탁드렸는데, 감사하게도 그 부탁을 들어 주셨다. 그리곤 아주 건강히 다친 곳 없이 잘 먹어주는 모습에 그동안 참아온 걱정과 눈물이 한꺼번에 쏟아져 나왔다. 검댕이가 안 보이는 사이 뉴스에서는 길냥이를 싫어해 학대와 살해를 하는 뉴스가 들려왔다. 길 위에서의 험한 삶이 걱정되었다. 그럼에도 나에게 다시 건강한 모습으로 다시 찾아와 준 검댕이에게 무척이나 감사함을 느꼈다. "그래, 그거면 됐다. 네가 무사히 돌아와 주어서 참으로 고맙다." 비록, 내가 사정상 검댕이를 키울 수는 없지만 너를 위하는 마음 하나는 진심인걸 알아주는 것만 같았다. 나는 그거면 됐다.

  사람들은 물어본다. 그저 다 죽어가는 길고양이한테 왜 그렇게까지 하냐고 물어본다. 생명은 소중한 것이다. 생명은 그만큼 무거운 것이고, 책임이 따른다. 그러나 그 책임을 마땅히 받아들일 땐, 더할 나위 없는 행복도 같이 따라오겠지. 지금도 길 위에서 힘겹게 살기 위해 돌아다니는 길냥이들. 그들과 우리가 무엇이 다른가. 똑같이 자신에게 주어진 삶을 누구보다 열심히 살아가는 것뿐이다. 우리가 길냥이들에게 손가락질할 권한은 없다. 돌을 던질 이유도 없다. 다 똑같은 소중한 생명들이기에. 우리는 그들을 존중해 주어야 한다. 같이 이 세상에 태어나 주어진 시간을 치열하게 최선을 다해 살아가는 것은 인간이나, 길냥이들이나 똑같지 않은가? 우리는 생각을 할 수 있기에, 그들에게 관용을 베풀고 사랑을 주어야 한다. 내가 사랑하는 사람도 사랑하는 길냥이도 어디를 가더라도 보호받고, 인정받고, 사랑받길 바라기 때문이다. 나는 앞으로도 검댕이를 챙겨줄 거다. 맛있게 먹어주는 검댕이의 모습 하나가 나에게 소소한 행복이다. 행복이 별거 없다는 걸 알았다. 존재 자체가 감사함이란 걸 알았다. 검댕이는 나에게 아주 고마운 손님이다.

비쥬와 슈슈 임보 이야기 김세영

다급한 글이 올라왔다. 아주 작은 새끼 고양이 한 마리를 발견했는데 도움을 달라는 글이었다. 당시 나는 삼백이를 떠나보낸 지 얼마 안 되어 이렇게 슬픈 임보는 다시는 하지 않겠다 마음먹었는데 생각과 달리 온 마음이 흔들리는 사진과 글이었다. 해당 연락처로 연락해보니 고양이라기보다 쥐에 더 가까워 보이는 아기 고양이를 어찌할 방법도 모르고 어찌할 수도 없는 상황이었던 것 같다. 구조 장소는 도봉구였는데 도봉구청 환경정책과는 젖먹이를 바로 안락사한다고 답변했다. 그러나 구조자는 안락사만은 피하고 싶다고 했다. 새끼 고양이를 살리고 싶은 간절한 마음이 문자에서 절절히 느껴졌다. 밥 주는 고양이가 낳은 새끼를 전혀 돌보지 않고 오지도 않아 어떻게 해야 할지, 구조자분은 완전히 패닉에 빠진 상태인 것 같았다.

그런데 몇 시간 후 다시 연락이 왔다. 마늘을 수북이 쌓아둔 창고에서 아기 고양이 세 마리가 더 발견되었다는 연락이었다. 당황했던 구조자는 더 어쩔 줄 몰라했다. 퇴근 후 바로 도봉구로 향했다. 구조자가 들고 나온 박스에는 삼색이 두 마리와 턱시도 두 마리, 총 네 마리가 옹기종기 모여 서로를 그루밍 해주고 있었다. 상황 설명을 들으면서 네 마리를 다 데리고 올까 고민했는데 자세히 상태를 살펴보니 삼색이 두 마리는 상태가 그리 좋지 않았다. 바

139

로 병원으로 들고 뛰어야 할 것 같았다. 많이 아팠던 삼백이를 떠나보낸 지 얼마 안 된 터라 네 마리 다 데려갈지 아니면 건강한 턱시도 두 마리만 데려갈지 고민이 되었다. 모진 마음으로 턱시도 두 마리만 온전히 입양까지 책임지기로 하고 다시 집으로 돌아왔다. 아픈 고양이를 돌보고 입양까지 보내는 것이 얼마나 어려운 일인지 삼백이를 통해서 배웠기 때문이었다.

비쥬   슈슈

작명은 언제나 그랬듯 남자 친구가 해주었다. 비쥬와 슈슈라고 지었다. 비쥬는 보석, 슈슈는 귀염둥이라는 뜻이란다. 비쥬와 슈슈는 구조 당시 생후 3주 차였기 때문에 분유를 먹여야 했다. 수유 임보를 주로 하는 나는 언제나 집에 분유를 구비하고 있어 바로 분유를 타서 먹이고 배변 유도시킨 후 재웠다. 비쥬와 슈슈는 오랜 시간 어미 고양이가 돌보지 않았는데도 빠른 속도로 기력을 회복했다. 이틀이 지나자 격리망에서 나와서 이곳저곳을 돌아다

넜고 우리 집 고양이 쵸비에게도 시비를 걸고 다녔다. 비쥬와 슈
슈는 사람을 참 좋아하는 고양이들이어서 꼭 나와 붙어 자려고 했
다. 그리고 식탐도 많아서 쵸비에게 준 습식도 뺏어먹곤 했다. 약
3주간의 임보 기간 동안 움직임도 활발해지고 기력을 차렸다. 그
리고 건사료를 잘 먹게 되자 입양을 추진했다. 비쥬와 슈슈 입양
시기가 일명 아깽이 대란에 여름휴가 기간이라 입양이 어려울 거
라 생각했는데 예상보다 많이 연락이 와서 좋은 입양처에 보낼 수
있었다. 비쥬는 입양 공고를 내고 입양 신청서를 받아 강원도로
입양을 갔다.

비쥬

때로는 고양이 입양을 보낼 때 입양 신청서를 안 받고 내가 먼저
괜찮아 보이는 분에게 "얘 입양하실래요?" 하고 들이미는 경우도
있다. 고양이 카페에 하도 들락거리다 보니 생긴 안목인데 아직
고양이를 키우는 집사는 아니지만 이미 준비는 다 된 것 같은 분
들이 눈에 띌 때가 있다. 이 분이라면 정말 잘 키워주실 것 같다는
느낌이 확 올 때가 있다. 그런 분에게는 일단 고양이 사진을 들이
민다. '얘 어때요! 키워보실래요?' 황당하기 그지없는 방법이지만

이게 의외로 통한다. 되기만 하면 믿을만한 집사님에게 내가 입양 보낼 아가를 쉽게 보낼 수 있으니 일단 시도한다. 슈슈도 입양 공고를 안 올리고 대뜸 키워라 하는 방식을 통해 다소 특이하게 입양을 갔다.

슈슈

하루는 고양이 카페에 마음 아픈 글이 올라왔다. 개미 이모라는 닉네임을 단 그분이 개미라는 턱시도 고양이를 보호소에서 입양하고 3일 만에 고양이 별로 떠나보낸 이야기였다. 개미가 보호소에서 많이 아파서 3일 안에 죽을 거라고 보호소 직원들이 만류했는데도 고집대로 입양하고 온갖 치료를 하다가 결국은 고양이 별로 갔다는 내용이었다. 그 3일간 고양이를 위했을 절절한 마음이 글에서 느껴졌다. 느낌이 왔다. 이 분이구나. 이 분 고양이를 진심으로 사랑하고 아껴주실 분이구나.

그런데 이 분이 그 고양이 카페 입양 게시판을 통해 입양하려는 것 같았다. 그 분이 입양하는 입장에서 힘든 점을 토로하는 글을 올리셨다. 간혹 구조자나 임보자가 입양 신청서를 받아놓고 회신을 잘 하지 않는 경우도 있는데 그런 경우라서 힘들다고 하셨다. 여러 군데 입양 신청을 넣어도 묘연이 잘 닿지 않으셨던 것 같다. 옳다구나! 개미를 닮은 턱시도 고양이를 찾는가 보지? 우리 슈슈 미모를 보면 입양하지 않고 배길 수 있을까? 대뜸 개미 이모님에게 채팅으로 슈슈 사진을 들이밀었다. 우리 슈슈 예쁘지요? 한참 채팅으로 이야기 나누다가 연락처도 교환하고 입양은 성사되었다. 그런데 문제는 이 분은 광주광역시에 살고 계시고 슈슈는 서울에 있었다. 입양 가려면 적어도 전라도까지는 내가 가야 한다. 잠시 고민했지만 남은 묘생이 행복하다면야 광주광역시까지의 거리는 문제도 아니었다. 먼 거리를 달려 도착한 평생 집사의 집에서 슈슈가 오래도록 행복하게 살길 바란다.

　한편 비쥬와 슈슈의 어미인 도봉구의 검댕이는 아기 고양이들이 사라지고 난 후 홀연히 나타났다고 한다. 구조자는 검댕이가 너무 미웠다고 했다. 아기 고양이들을 돌보지 않고 어디 있다가 이제 왔느냐고. 속상한 마음에 울면서 밥을 챙겨주었단다. 소식을 듣고 사료 5kg과 츄르 50개를 도봉구 구조자 집에 보내면서 검댕이를 TNR 시키면 어떻겠냐고 제안했다. 길고양이 TNR은 도심에 살고 있는 길고양이 개체 수 조절을 위해 시행하고 있는 중성화 사업을 뜻한다. Trap(포획), Neuter(중성화 수술), Return(제자리 방사)의 앞 글자를 딴 말로 대부분의 지방자치단체에서 시행하고 있다. 도봉구청에서도 TNR을 시행하고 있었기 때문에 담당 공무원과 사전에 통화를 한 후 구조자에게 공무원의 전화번호를 전달했다. 그리고 2020년 여름의 긴 장마가 끝난 어느 날 검댕이는 TNR을 시행하여 다시 방사되었다.

중성화 수술 후 9월 4일에 방사된 검댕이는 예상과 다르게 일주일 넘게 구조자님 집으로 찾아오지 않았다. 밥자리는 구조자님 댁인데 어딜 가서 뭘 먹으면서 버틸 수 있을까. 구조자님도 나도 검댕이가 너무 걱정되었다. 무엇보다 나는 구조자님과 잘 지내던 검댕이를 괜히 TNR 시키자고 제안해서 둘 사이를 갈라놓은 것은 아닐까 너무 미안했다. 제발 검댕이가 돌아오기를. 그렇게 며칠이 지났을까. 9월 12일 저녁 무렵 검댕이가 구조자님 집 앞에 나타났다는 소식을 들었다. 어찌나 기쁘던지. 돌아와 준 검댕이가 너무 고마웠다. 중성화 수술도 잘했으니 이제 구조자님과 행복하게 지낼 일만 남았다. 구조자님과 검댕이의 소중한 인연이 앞으로도 잘 이어지기를 바란다.

슈슈 입양 이야기

정지영

인간의 생애 주기를 보았을 때, 사고(思考)를 할 줄 아는 무언가와 일생을 공유하는 경우는 대표적으로 세 가지를 꼽을 수 있다.

1. 태어나서 가족이 생겼을 때
2. 결혼해서 가족이 생겼을 때
3. 출산해서 가족이 생겼을 때

그리고 최근 들어 가족의 일원으로 조금씩 인정받고 있는 새로운 형태의 공유,

4. 반려동물을 입양해서 가족이 생겼을 때

그리고 나는 2, 3번을 건너뛰고 4번을 먼저 선택한 죄로 지금 이 잔망스럽고 요망한 존재들과 치열하게 삶을 공유하고 있다.

300km. 슈슈와 나의 물리적 거리였다.

입양 시기를 놓친 고양이의 경우, 전국 단위로 입양처를 찾아 보내기도 하지만 보통의 어린 고양이는 가까운 지역에 한해 입양 보내는 게 일반적이다. 장거리 이동에 대한 부담도 있지만 그보다 입양 환경에 대한 불확실성이 가장 큰 이유다. 오죽하면 90년대에 사라진 '가정방문'이 고양이 입양의 반 필수 조건으로 달려있겠는가. 우리는 돌다리도 두들겨보는 민족이기에.

그러던 어느 날, 일반적이지 않은 그 일이 일어났다. 임보자님의

짧은 메시지, '집사님, 턱시도 고양이 좋아하세요?' 그리고 함께 날아든 사진 속 슈슈의 눈빛. '나 예쁘니까 믿고 키워.'

얼마나 귀엽고 하찮던지 300km는 더 이상 아무 문제가 되지 않았다. 고양이 머릿속 8할이 호기심이라지만 이물 없어[1]도 너무 이물 없었다. 자고로 신혼부부처럼 서로에게 쑥스러운 시간도 있어야 애틋해지는 법인데 장거리 이동에 지친 우리는 집에 오자마자 10년 산 부부마냥 아무렇게나 퍼질러져 나란히 잠이 들었다. 그리고 그 날 이후 슈슈는 '흑임자'라는 새로운 이름으로 나와 일생을 함께하게 되었다.

입양 후의 흑임자라는 이름을 얻은 슈슈

사실 임자가 오기 전 내겐 '개미'라 이름 붙인 첫 번째 고양이가 있었다. 아니 있을 예정이었다.

길고양이들의 현실에 대해 '가여워도 어떡해. 도둑고양이 운명이지 뭐.' 정도로 넘겨왔던 내가 '길에서 나비라고 불려도 좋으니

---

1)이물 없다 : '허물없다'와 유사하게 쓰이는 전남 방언

한 마리라도 살릴 수 있었으면'하는 마음을 갖게 한 아이.

우연히 지역 보호소 사이트에 들어갔다가 발견한 그 아이는 흔히 보이는 '턱시도 고양이'였다. 특별한 외모도 아니었고 질병 유무도 확실하지 않았지만 이 작은 생명을 내가 살릴 수 있다면 그래야 한다는 생각에 사로잡혔다. 동정인지 오만인지 모를 막연한 감정에 보호소를 찾았다. 보호소 직원들은 병원에 가도 3일 안에 죽을 거라며 입양을 만류했지만 나는 개미를 안았다. 허피스(고양이 바이러스로 인한 호흡기 질병. 염증성 눈곱으로 눈을 뜨기 어렵게 된다.)로 붙어버린 눈이었지만 힘겹게 두어 번 나를 올려다봤고 작게나마 두어 번 야옹거렸다. 내 생애 첫 고양이는 그렇게 내게 왔다가 3일 만에 결국 고양이 별로 돌아가 버렸다. 동물을 안아본 적은 많았지만 '생명을 책임지는 마음'을 안아든 적은 그 날이 처음이었다.

고로 지금 임자가 물고 뜯고 맛보고 즐기는 모든 것들은 개미 입양을 위한 준비물이었다. 하지만 하나 더해졌다면 그때는 막연하기만 했던 감정들이 지금은 확실한 책임감으로 자리 잡았다는 사실이다. 한 생명을 살려내는 일은 동정심, 정의감, 인류애로도 충분할지 모른다. 하지만 함께 살아가는 일은 그것과는 또 다른 책임과 의무가 뒤따른다. 그리고 그 많은 것들을 감당할 준비가 되었을 때 비로소 우리는 진짜 집사가 된다. 보통 고양이 수명이라고 언급되는 '20년'이라는 숫자는 인간에게야 상상할 수 있을만한 구체적인 단위지만 고양이들에겐 그저 '한 평생'이다. 그들에겐 눈을 떠서 눈을 감기까지 집사와 함께 하는 전 생애만 있을 뿐이다. 우리는 20년 뒤에도 삶을 이어간다. 그러나 고양이들은 평생을 우리와 보내고 그 곁에서 삶을 마감한다. 내 삶의 일부분을 채우기 위해 다른 존재의 삶을 함부로 들여와선 안 된다는 의미이다.

내 일상과 인생을 망치러 온 나의 구원자, 아니 흑임자.

여전히 이 녀석은 특유의 당당함과 뱃심으로 집을 방문한 지인들에게 솜방망이질을 선사하고 늦잠이라도 자는 날에는 내 이마를 발판 삼아 둘째와 술래잡기를 일삼는다. 샤워라도 느긋이 할라치면 유리 부스에 코를 박고 콧김으로 나를 위협하는 사이코에다 방귀는 왜 그렇게 자주 뀌는지 이쯤 되면 리터락커(고양이 분변을 담는 통)를 숨숨집으로 써야 하는 게 아닌가 싶을 정도다. 하지만 고양이와 함께하기로 결정한 많은 사람들이 그러하듯이 이 모든 순간이 소중하기에 오늘도 진짜 집사가 되기 위한 고된 수행 길에 오른다. 한 손에 발톱깎이를 들고.

비쥬 입양 이야기

이은주

2020년 여름, 장마가 시작되기 이틀 전. 집 근처에서 며칠째 울고 있는 아기 고양이 소리가 들렸다. 일을 마치고 퇴근하는 늦은 저녁에도 우리 집 주차장에서 울고 있었다. 한 시간 사투 끝에 구조한 2개월 정도 된 까만 아기 고양이. 지금 살고 있는 서울 집은 애완동물을 키울 수 없는 곳이었고 휴무 이틀 동안 밤낮으로 우는 아기 때문에 잠을 이루지 못했기 때문에 내가 괜한 짓을 한 건가 하는 생각이 들었다.

강원도 고향집에 이미 고양이 한 마리가 있어서 둘째로 데리고 가려고 했지만, 병원에 검사한 결과가 일주일 뒤에 나온다기에 우는 아기 고양이를 계속 데리고 있을 수가 없었다. 급하게 다른 집에 입양을 보내야만 했다. 이틀 정도 같이 있었다고 그 사이 정이 많이 들었는지 너무 아른거렸다. 고향집 부모님께서도 아기 고양이를 데려오는 줄 알고 은근 기대하셨던 눈치였다. 2년 동안 함께한 첫째 고양이 하롱이가 요즘 부쩍 애교가 없어지고 잠도 혼자서 따로 자려하는 것이 문제였다. 부모님께서는 섭섭하기도 하고 하롱이가 우울해하는 것은 아닐지 걱정하시며 아기 고양이를 데려오고 싶어 하셨다.

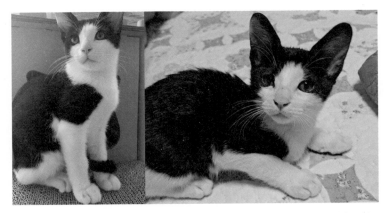

입양 후 비쥬

그래서 둘째를 입양하기로 마음먹었고, 쇠뿔도 단김에 빼라는 말도 있듯, 당장 구조묘 입양을 추진하기로 했다. 고양이 관련 카페들을 정말 많이 보았다. 시간이 나면 틈틈이 찾아보았다. 구조묘, 유기묘들을 둘러보았는데 예쁘고 귀여운 많은 아기 고양이들 중에 청순한 자태로 아련한 눈빛을 가진 턱시도 고양이가 눈에 들어왔다. 그런데 먼저 연락한 사람 중에 입양 전제 임보를 해보고 싶다는 분이 있는데 파양될 경우를 생각하여 2주만 기다려달라고 하시더라. '2주 정도 기다려도 입양을 못하면 어쩌지.' 하는 걱정으로 고민이 되었다. 그래도 혹시나 하는 마음에 기다리기로 하였다. 여름휴가 기간에 고향집을 가면서 데려가려고 생각 중이었는데 휴가까지는 3주가 남아서 마음을 다잡고 기다리기로 했다. 그런데 무슨 일인지 하루 만에 입양 전제 임보가 취소되었다고 연락 주셨다. 입양 전제로 임보를 간 그 댁에서 가족들 동의는 다 받았는데 치매이신 할머니에게는 사전에 말씀을 안 드렸다고 했다. 치매니까 의견이 없으실 줄 알았다는 거다. 그런데 그 치매이신 할머니께서 고양이를 보자마자 내보내라고 하셨고 그대로 임보도 취소되었다고 전해 들었다. 이렇게 우여곡절 끝에 우리의 묘연은 이루어졌다.

합사 기간 동안 첫째와 둘째는 쫓고 쫓으며 엄청나게 투닥거렸다. 입양한 지 한 달이 지난 지금, 비쥬라는 이름을 가졌던 아이는 작고 너무나 귀여워서 자연스럽게 우리 집에서 애기라는 이름으로 부르게 되었다. 말썽쟁이라면서 부모님이 귀여운 애기 사진을 자꾸 보내주신다. 귀여운 에피소드가 넘쳐서 부모님과 연락을 더 자주 하게 되기도 했다. 첫째인 하롱이가 가는 곳을 애기가 다 따라다니며 일부러 장난을 걸기도 하고 하롱이 행동을 똑같이 따라 하기도 한다고. 애기가 너무 활동량이 많아 사고뭉치라고 한다. 사고뭉치면 뭐 어떤가. 공기가 맑고 좋은 강원도에서 아프지 말고, 우리 가족들과 사랑하며 행복하게 함께했으면 한다.

꽃점이의 이야기

꽃점이의 이야기

꽃점이 구조 이야기

최경화

2020년 8월 10일, 장맛비가 억수같이 내리는 월요일 오후 2시 5분, 한번 만나서 잠깐 길 고양이 얘기를 나눈 적 있는 옆 동네 빌라 사시는 아주머니에게서 문자가 왔다. 출근길에 아깽이 하나가 삐삐 울고 있고, 비가 와서 우선 박스에 담아서 처마 밑으로 옮겨 놓긴 했는데, 본인이 돌볼 수 없는 형편이라 임보처를 구할 수 있는지 묻는 내용의 문자였다. 키친 타월이 깔린 A4 박스가 있고 무지 작은 아깽이가 계속 삐삐 울고 있다고 동영상과 사진을 보내왔다.

추정컨대 1개월도 안되어 보이고 겨우 눈을 뜬 정도라고 했다. 본인은 나가봐야 하고 집에 아깽이를 돌볼 물품도 없고 돌볼 형편도 안된다고. 혹시나 어미가 올 수도 있지 않을까 해서 누가 가져다 놓은 박스에 담아서 처마 밑으로 옮겨 비라도 피하게 하고 그

아주머니는 일하러 갔다고 했다. 나에게 전화로 임보처를 문의하는 게 그 분이 할 수 있는 최선이었다.

구조 당시 꽃점이

　이때부터 나는 혼란에 빠지게 되었다. 얼른 같이 캣맘 하시는 심재경 님, 이한비 님께 카톡으로 상황을 보내고 어찌해야 할지 고민이 시작되었다. 출근하여 업무 중이라 고민만 하고 있는 상황이었다. 비가 억수같이 와서 기온도 많이 떨어지고 아깽이가 굶으면 어떻게 될 것만 같아서 아등바등하고 있을 때, 이한비 님이 그 자리로 가서 뭐라도 먹이겠다고 했다. 나도 짬을 내어 회사에서 나와 그 빌라 처마 밑으로 갔더니, 이미 심재경 님이 먼저 와서 상황을 보고 있었고 조금 후에 이한비 님이 합류했다. 아깽이는 생각보다 너무 작았고, 생후 약 2~3주 정도로 추정되었고 계속 엄청 크게 삐삐 울었다. 이한비 님이 가져온 애기용 파우치를 먹을 수 있는 연령이 아니라 분유를 먹어야만 하는 아주 작은 아깽이였다. 그때부터 심재경 님, 이한비 님은 열심히 고양이 카페 등에 임보할 수 있는 곳을 찾기 시작했고, 우리 집에 마침 지난 6월에 가양이라는 아기 고양이를 구조했을 때 구입한 아기 고양이용 분유가 있어서 집에 뛰어가서 분유를 타 왔다.

심재경님이 애기 임보 하실 분 연락이 왔다고 했는데, 한 분은 수원에 살고 애기 수유 경험이 없으며 가족들 반대로 고양이를 아직 키워보지 못하신 분이라 했다. 고민하고 있는 와중에 다른 임보자 연락이 왔고, 그 분은 아기 고양이 임보 경험이 있고 현재도 임보하고 있다고 했다. 고민하다가 그래도 애기 임보 경험이 있는 쪽이 아무래도 나을 거 같아, 수원 쪽은 전화로 설명하고 임보 경험이 있는 쪽으로 옮기기로 결정했다. 심재경 님이 운전하고 나는 애기를 안고, 상왕십리 임보집으로 향했다. 쏟아지는 굵은 비를 뚫고 상왕십리로 가는 중, 아깽이는 분유를 조금 먹었고, 내 품 안에서 자꾸 여기저기 가보려고 낑낑거렸다. 어딘가 불편한 것 같았다. 임보자님 집으로 가는 차 안에서 애기 얼굴을 자세히 봤고, 코밑 점이 엄청 예뻐서 꽃점이라 부르게 되었다.

상왕십리 임보집에 도착했고, 그곳에서 천사 같은 임보자님을 만나게 되었다. 이미 키우시는 쵸비가 있었고, 입양처가 정해진 임보 고양이 2마리가 이불 위에서 꼭 껴안고 있었다. 임보자님께 상황을 설명드렸고, 잘 돌봐주시겠다고 해서 너무나 고마웠고 안심이 되었다.

사실 구조를 할 때 가장 고민이 되는 것은 '어떻게 좋은 곳으로 입양을 보내는가'다. 이미 우리 집에 3마리의 어르신 냥이가 있어서, 더 이상의 입양은 어렵다. 우리 집으로 아깽이를 데려올 수 없었던 이유는 임보 하다 입양이 안 될까 봐, 그게 두려웠다.

다행히도 임보자님은 아깽이 전문가처럼 아기를 돌보았다. 임보자님 집에 도착할 때까지 삐삐 울던 놈이, 임보자님이 준비해 놓은 작은 집에 넣어두니 금방 조용해졌다. 따뜻하고 포근했나 보다. 임보자님에게 아기 고양이를 부탁하고 돌아올 때는 한결 맘이 가볍고, 그래도 정말 잘한 일이라고 심재경 님과 위로하며 돌아왔다. 늦었지만 남은 일을 정리하러 다시 회사로 들어갔다.

꽃점이

임보자님이 사진이나 상황 계속 전달해 주셔서 다행이라고 서로 위로하던 중에, 꽃점이가 설사를 하고, 혈변이 조금 보인다는 연락을 받았다. 1차로 병원을 다녀와서 괜찮으리라 생각했는데, 임보자님이 심한 혈변을 보며 애기가 많이 아파한다는 연락을 주셨다. 그 작은 몸에 주사기가 꽂혀 있는 사진은 너무 맘이 아팠지만, 살리려면 어쩔 수 없는 선택이었다. 여러 가지 검사와 치료를 하고 꽃점이는 퇴원을 하여, 심재경 님이 8월 15일 저녁에 우리 집으로 데려왔다. 임보자님 사정으로 내가 4일간 맡게 되었기 때문이다.

6월경 가양대교 북단 큰 길가에서 가양이를 구조해서 8일간 집에서 분유 먹이며 케어했던 이후로 이렇게 금방 또 아깽이를 돌봐야 하는 상황이 생기리라고는 생각하지 못했다. 아니나 다를까, 꽃점이는 분유를 잘 먹지 않았다. 아마 분유를 먹이는 사람이 서툴러서 그랬을 거다. 젖병으로 줬을 땐 아예 안 먹었고 그나마 주사기로 줄 땐 조금 먹었다. 잘못 먹여서 그런지 꽃점이 온몸이 분유로 목욕한 것처럼 엉겨 붙었다. 너무 작고 아픈 애기라 차마 씻기지는 못하고 따뜻한 수건으로 닦아주기만 했는데 결국엔 털이 굳어 딱딱하게 된 부분도 있었다.

4일간 3~4시간마다 일어나서 잘 먹지 않으려는 꽃점이와 수유 전쟁을 벌이다 보니 멍해지는 거 같았다. 어떻게든 먹어야 하는데! 먹지 않으려는 자와 먹여야 하는 자의 싸움이 매일 반복되었다. 꽃점이는 8월 15일에 와서 8월 19일에 임보자님 집으로 다시 돌아갔다. 꽃점이를 돌봤던 그 4일을 잊지 못할 것 같다. 그리고 생후 2~3주 차 고양이를 수유하는 일이 보통 일이 아님을 절감하였다.

꽃점이 임보 이야기

김세영

꽃점이는 비쥬와 슈슈가 입양처가 다 정해져서 평화로운 날들을 보내던 때, 서울 서초구에서 급히 구조되어 내가 임보를 맡은 고양이였다. 2020년 8월, 장마가 억수로 쏟아지던 때에 구조된 생후 2~3주령 작은 아기 고양이가 바로 꽃점이다. 비가 많이 와서 현관문 앞에 물이 찰랑찰랑 할 정도인 날씨였다. 그 비를 뚫고 캣맘 두 분이 작은 아기 고양이를 소중히 안고 우리 집으로 들어왔다. 담요 속에 싸인 작은 고양이는 뭐가 그리 불만인지 삐용삐용 울어댔다.

인계받고 바로 체온 유지를 위해 따뜻한 전기방석 위에 올려둔 박스에 고양이를 넣어주자 포근한 담요와 따뜻한 기운이 맘에 들었는지 바로 조용해졌다. 그럴 줄 알았다. 아무리 8월이라도 비 오는 날이라 추웠구나. 바로 따뜻한 분유를 탔다. 구조된 지 얼마 안 된 고양이들이 대개 그렇듯 꽃점이도 처음엔 젖병 수유를 거부해서 너무나 힘들었다. 분유를 거부하면 먹이는 자세나 각도도 바꿔보고 배변도 다시 시켜보고 마지막엔 분유 종류도 바꿔본다. 그래서 우리 집엔 kmr, 락톨, 페베 이렇게 세 종류의 아기 고양이용 분유가 항상 있다. 꽃점이는 처음 2~3일 동안은 분유 수유를 거부하다가 적응이 된 건지, 더는 참을 수 없이 배가 고팠던 건지 어느 순간부터 젖병 젖꼭지를 힘차게 빨기 시작했다. 그때의 안도감이란. '얘는 살 운명이구나.' 하게 된다.

그런데 분유를 잘 받아먹기 시작한 꽃점이가 이제는 피 섞인 설사를 시작했다. 구조자분들과 연락하다가 응급이구나 싶어서 꽃점이를 데리고 동물병원으로 뛰었다. 3주 차 고양이도 라인을 잡을 수 있는지 이때 처음 알았다. 꽃점이는 수액을 맞으며 입원을 했고 원인 파악을 위해 PCR 검사, 분변검사 등을 진행했다. 4일간의 입원비, 검사비 및 처치비는 거의 백만 원에 가까웠다. 혈변이 어느 정도 잡히고 퇴원을 한 꽃점이는 나의 사정으로 인해 잠시 구조자님 댁에 맡겨졌다. 그리고 4일 후 돌아온 꽃점이를 보고 깜짝 놀랐다. 꽃점이는 분유를 먹다 못해 아주 분유로 샤워라도 한 듯 온몸에 분유칠을 한 채 나타났기 때문이다. 돌봐주신 구조자님 사랑이 과했던 걸까. 꽃점이의 모습을 보니 4일간 구조자님이 얼마나 고생하셨는지 대충 짐작이 갔다. 꽃점이가 분유를 잘 안 받아먹어 고생하셨다고 했다. 바로 분유를 타 주었더니 잘 받아먹더라. 꽃점이 너, 뭐하고 돌아온 거니?

입원 당시 꽃점이

거의 백만 원 돈을 잡수신 꽃점이는 그 후로 건강하게 이유식 단

계까지 잘 진입하였고 예쁘게 자랐다. 생후 한 달이 조금 지난 때, 꽃점이는 화장실도 잘 가리고 이유식도 잘 먹어서 입양 갈 준비를 했다. 많은 곳에 입양 글을 올렸다. 한여름 휴가철에는 입양도 잘 안 된다. 휴가철은 입양은커녕 기존에 데리고 있던 반려동물도 휴가지에 유기하여 유기동물이 증가하는 시기이다. 그런데, 꽃점이는 너무나도 귀여운 고양이었던 거다! 입양이 어려운 시기였지만 꽃점이의 입양 문의는 엄청났다. 입양 글을 올리자마자 문자가 여러 개 도착해서 일일이 답하기도 어려웠다. 여러 개의 문자 중 조건이 괜찮은 분들을 추리고 다시 이야기를 나눠보다가 가장 적합한 입양처라고 생각되는 분께 연락을 드렸다. 이때만 해도 정말 좋은 입양처인 줄로만 알았다.

꽃점이를 인계하기로 한 날, 구조자님인 캣맘 두 분과 꽃점이를 입양하러 멀리 대전에서 한달음에 달려온 입양자 두 분이 우리 집에 모였다. 구조자님 두 분은 입양을 축하하는 의미로 사료와 모래, 장난감, 식기 등 고양이 용품을 잔뜩 사 와서 입양자에게 선물했다. 입양자 두 분은 꽃점이 실물을 보고 어머! 어머! 감탄사를 연발하며 꽃점이의 미모에 푹 빠져든 것처럼 보였다. 꽃점이를 바라보며 잘 키워주시라는 말을 끝으로 훈훈했던 입양 자리는 끝이 났다.

입양 후 SNS로 꽃점이의 소식을 들었는데 무지라는 새 이름을 얻고 잘 사는 것처럼 보였다. 그런데 입양 일주일 후 입양자로부터 전화가 왔다. 본인이 전셋집에 사는데 집주인이 고양이를 반대해서 파양한다는 내용이었다. 전셋집이면 당연히 세입자는 집주인으로부터 반려동물 입양 전에 동의를 구하고 들어가야 하는 것 아닌가. 너무 황당한 파양이었다. 서울에서 대전까지 간 꽃점이를 어떻게 다시 데려올지 머리가 아파왔다. 정말 잘 키워줄 것만 같았는데, 고르고 고른 입양처에서 파양이라니. 배신감이 들었지만 정신 똑바로 차려야 했다. 입양이 잘 되는 생후 한 달 반~2개월 반 시기를 놓쳐서는 안 된다. 차라리 일주일 만에 파양 한 게 다행이라고 생각하기로 하고 새 입양처를 찾는 글을 올렸다. 그리고 전에 연락 주셨던 분들에게 꽃점이 파양 소식을 돌렸는데 어째 이번에는 선뜻 입양을 원하는 사람이 없었다. 초조했지만 아무에게나 보낼 수는 없다. 그렇게 소식을 기다리던 어느 날 꽃점이 입양을 원하는 분이 나타났다. 이미 고양이를 키우고 있었고 둘째로 들이기로 하셨단다. 집 사진을 요청하지도 않았는데 먼저 집안 사진과 물품 사진을 보여주셨다. 무언가 믿음직스러웠다. 바로 이 분을 만나기 위해 꽃점이가 먼길을 돌고 돌았던 게 아닐까?

꽃점이

162

꽃점이 입양 이야기

김혜리

나는 20년 동안 강아지와 함께 생활을 했다. 이렇게 강아지와 오랜 시간 함께 한 나에게 고양이는 참 생소한 동물이었다. 주택에 살았던 나는 고양이들의 발정기 소리인 아기 울음소리와 영역 다툼을 하는지 고양이들끼리 자주 싸우는 소리를 들으면서 자랐다. 7년 전쯤 여름이었다. 여름방학을 맞아 아르바이트를 하고 늦은 시간에 집으로 가는 길이었다. 우리 집 대문 앞에 고양이들이 6~7마리 정도 모여 있었다. 옆 건물 주택에서 고양이들 밥을 챙겨 주는 것은 알고 있었다. 나는 집으로 들어가야 했다. 하지만 그때 만난 고양이들은 한 가족이었는지 나에게 위협을 가했다. 나는 단지 집에 들어가고 싶을 뿐이었다. 큰 발소리를 내봐도 가까이 가도 낮은 울음소리로 경고를 하는 듯 울기만 하고 자리를 비켜주지 않았다. 고양이들이 무서웠다. 한참을 기다리고, 결국 부모님께 전화를 해서 부모님께서 나오셔서 고양이를 내쫓아주시고 집으로 들어갔던 기억이 있다. 그 이후로 고양이를 무서워했던 내가 지금은 독립하여 사랑스러운 고양이 3마리와 함께 살고 있다.

고양이를 좋아하게 된 지는 그리 오래되지 않았다. 몇 년 전 친한 친구 중 한 명이 고양이를 기르기 시작했고, 내 기억 속의 고양이와 달리 너무나 순하고 사랑스러운 고양이었다. 그리고 지금 같이 살고 있는 남집사가 고양이를 아주 많이 사랑한다. 자기와 함께했었던 고양이들 이야기를 자주 해주고 귀여운 고양이가 보이면 항상 나에게 사진을 보여주었다. 이 둘의 영향으로 나는 고양이를 점점 더 좋아하게 되었고, 집에 반려동물을 데리고 와야겠다고 마음먹었을 때, 남집사와 나는 나에게 익숙한 강아지가 아닌 고양이를 입양하기로 결정했다.

내가 살고 있는 곳에서 멀지 않은 곳에 내가 자주 놀러 가는 카페가 있다. 거기에 고양이들이 많은데 하나같이 착하고 귀엽고 예쁜 아이들이었다. 펫샵으로 팔려나가는 아기 고양이를 생산하는 곳인 고양이 공장에서 구조된 구조묘들이었다. 거기서 부정교합이 심하지만 아주 착하고 순한 사랑스러운 고양이 한 마리와 인연이 되어 초보 집사를 하고 있던 한 달째, 문득 많은 고양이들과 잘 어울리고 자란 첫째에게 고양이 친구를 만들어주고 싶었다.

남편과 처음부터 두 마리를 기르자고 얘기했었고, 여기저기 알아보고 입양 문의도 해보고 신청서를 작성했었지만 신혼이라는 이유로 입양이 힘들었다. 그러다가 남집사처럼 코 옆에 이쁜 점이 있는 아이를 보게 되었다. 보자마자 남집사와 나는 서로 이 아이는 우리 집에 와야 한다고 얘기하고 신청서를 작성하였다. 너무 귀엽고 끌리는 애라 늦은 시간임에도 불구하고 임보자님께 연락했다. 아직 어린 아기 고양이었지만 파양 되어 다시 새로운 보호자를 찾고 있는 경우라 더 믿음을 주고 싶었다. 보잘것없지만, 집 사진과 용품들을 찍어서 보내드렸고, 밤늦게 우리 집에 입양이 결정됐다고 연락을 받았다. 아기 고양이의 이름은 '꽃점이'였고, 사람도 좋아하고 활발하고 고양이들하고 잘 지낸다고 들었다. 너무너무 기뻤다. 그리고 꽃점이를 위한 용품들을 구매하면서 설레는 마음으로 시간이 흐르길 기다렸다.

일주일 뒤에 드디어 우리 집으로 꽃점이가 왔다. 아기 고양이는 생각보다 너무너무 작았다. 너무 귀여웠다. 아기가 결막염이 있어 안약을 넣어주어야 한다는 설명을 듣고 꽃점이와 만나서 반갑다고 내가 엄마라고 인사를 하는데, 내가 들었던 성격과 너무 달랐다. 집에 있는 첫째 고양이도 아기 고양이들과 지냈었기 때문에 합사도 수월하게 진행될 거란 내 생각과 달리 꽃점이는 경고와 함께 하악질을 계속했고 침을 뱉으며 공격을 했다. 첫째는 계속 놀자고 다가갔지만 꽃점이가 공격을 했다. 결국엔 첫째도 같이 하악질을 했고 밥도 먹지 않았고 꽃점이는 첫째의 하악질에 놀라서 매우 예민한 상태였다. 꽃점이는 밤새 울었고 낯선 사람이 안약을 강제로 넣으니 더욱더 경계하고 마음을 닫았다. 합사는 실패했고, 꽃점이는 작은 방에 격리할 수밖에 없었다.

다음 날, 첫째 고양이가 너무 스트레스를 받았는지 밥을 안 먹기에 원래 친구들하고 있던 카페로 보냈다. 그곳에서 심신 안정도 시키고 맛있는 음식을 먹으며 하루를 보내게 하였다. 첫째가 안정을 취한 뒤, 지인들과 합사에 관해 상담하였고, 격리부터 차근차근 시작하기로 했다. 사람을 좋아한다던 꽃점이는 나만 보면 공격을 하려고 하고 하악질부터 했다. 남집사가 안약을 넣어서 그런지, 남집사는 더 경계했다. 그나마 다행인 건 밥을 잘 먹고 변도 예쁘게 잘 봤다. 한번은 꽃점이 혼자 장난감을 가지고 놀다가 다리에 줄이 감겼다. 그것을 풀어주려던 남집사가 꽃점이를 만지는 순간 소변과 대변을 남집사 손에 지렸다. 그리고 비명을 지르면서 울었다. 정말 누가 들으면 학대라도 받은 것 같은 울음소리였다. 결국 꽃점이가 진정되고 우리에게 익숙해질 때까지 안약을 넣지 않기로 하였다. 심한 결막염은 아니었기 때문에 꽃점이가 우리에게 익숙해지는 게 먼저라고 생각했다.

임보자님과 꽃점이에 대해서 대화를 했다. 아기가 파양이 돼서 그런지 성격이 너무 바뀌었다고, 임보자님은 다시 순화시켜서 보내주신다고 하실 정도로 많은 조언도 해주었고, 응원도 해주셨다. 초보 집사한테 와서 적응기도 없이 합사부터 해버리려고 한 나 때문에 아기가 고생만 하는 것 같아 미안했고 마음이 아팠다.

꽃점이는 글리미라는 새로운 이름을 가지게 되었고, 글리미 옆에서 가만히 있기를 4일째, 아기가 조금씩 활발해지면서 마음을 열어가는 게 느껴졌다. 하지만, 글리미와 첫인상이 너무 안 좋았던 첫째는 시름시름 앓아가고 좋아하던 놀이조차 하지도 않았다. 나에게 아주 단단히 삐졌던 거다. 글리미 울음소리만 들려도 하악질을 하고 나에게도 하악질을 하였다. 그래서 고민을 하고 생각한 게, 첫째와 카페에서 친했던 아기 고양이를 데리고 오는 것이었다. 고양이는 두 마리만 키우려고 했지만, 나에겐 첫째가 더 소중했기 때문에 첫째가 의지할 수 있는 친구를 입양했다. 갑자기 우리는 3마리의 고양이를 키우게 되었다. 그 새로운 어린 고양이는 호기심이 많았고, 글리미와의 합사도 처음부터 격리하고 시작하였기 때문에 서로 나쁜 관계도 아니었다. 첫째도 셋째랑 놀면서 다시 내 사랑스러운 첫째로 돌아갔다.

입양 후 글리미라는 이름을 얻은 꽃점이

아주 힘든 일주일이 흐르고, 서로의 존재를 알고 소리에 익숙해진 뒤 근처 더 넓은 집으로 이사를 가게 되었다. 글리미는 생각보다 잘 적응해 주었고, 첫째와 셋째도 새 집이 마음에 들었는지 기특하게도 적응을 잘해주었다.

집을 어느 정도 정리를 하고 애기들끼리 서로 얼굴을 보여줬는데, 글리미와 셋째가 코인사를 하고 서로 냄새를 맡는 것이었다. 좋은 징조가 보였다. 그러면서 둘이 놀고 싶었는지 글리미가 격리

방을 탈출해버렸다. 셋째를 데려온 것은 정말 잘한 일이었다. 셋째는 글리미와 개월 수도 비슷해서 서로 좋은 레슬링 상대가 되었고, 글리미는 집사들을 신경도 쓰지 않고 눈만 뜨면 고양이들과 뛰어놀았다.

첫째와는 처음에 서먹했지만, 지금은 첫째가 글리미 교육도 시키고 좋은 친구이자 오빠이자 선생님이 되어가고 있다. 세 마리 모두가 밥그릇과 화장실도 공유하였고, 합사는 생각보다 빨리 잘 진행되었다. 새벽마다 세 마리 고양이가 우다다거려서 잠을 잘 못 자지만 너무 행복한 매일을 보내고 있다. 글리미는 살도 찌고 건강하게 지내며 사고도 많이 친다. 잘 지내고 있는 중에 1차 접종도 하였다. 아직 사람한테 안기거나 손톱 깎는 건 안 좋아하지만, 어제는 내가 만져줄 때 처음으로 골골송도 들려주었다. 만난 지 3주 만이다. 글리미는 매달리고 기어 올라가는 걸 좋아한다. 글리미는 분명 오빠들보다 서열이 한참 위인 여장군이 될 것 같다.

아기 고양이가 처음이라 집사가 많이 서툴지만 잘 자라주고 잘 놀고 있어서 너무 고맙다. 글리미가 일어나서 다른 고양이보다 나를 먼저 찾는 날이 오기를 바란다. 고양이가 3마리다 보니 캣타워 하나로 부족하다. 큰마음 먹고 추석 선물로 아기들한테 캣폴을 사주었다. 이번 달 말에 제작한 캣폴이 배송 오는데 애기들이 잘 놀지 좋아할지 너무나 기대된다. 앞으로의 20년이 너무 기대된다. 3마리의 고양이들은 나에게 축복이다.

밍고의 이야기

밍고의 이야기

밍고 구조 및 임보 이야기

김세영

   밍고는 군포에 있는 한 복도식 아파트 1층에 세워진 유모차에서 발견되었다. 유모차 주인은 고양이 알레르기가 있었고 아기 고양이들을 보호소에 보내려고 했다. 보호소에 보낸다 함은 공고 기한이 지나면 안락사라는 뜻이므로 아기 고양이에게는 사망선고나 다름없었다. 총 세 마리의 아기 고양이들이 유모차에 있었고 제보자와 합의 하에 세 마리를 다 데리고 나왔는데 한 가지 의문스러운 점이 있었다. 세 마리 다 이가 났는데 분유도 먹지 않고 물에 불린 사료 즉 이유식도 먹지 않는다는 점이었다. 뭐가 됐든 도무지 먹지를 않았다. 삼색이, 흰검 젖소, 치즈. 이렇게 세 마리 모두 먹지 않았다. 세 마리 모두를 내가 일일이 강급 하기란 쉬운 일이 아니었다. 나머지 두 마리는 새로운 임보처를 구해야 했다. 내가 임보 하기로 한 치즈 냥이를 제외하고 삼색이와 젖소는 입양 전제 임보처로 떠났다.

치즈 냥이는 일요일에 구조되어서 일요일이란 뜻의 도밍고라는 단어에서 따온 밍고라는 이름을 얻었다. 밍고는 장마철에 유모차 안에서 지내 습진 같은 피부병이 있었다. 뿐만 아니라 영 먹지 않는 것도 꺼림칙해서 삼백이의 교훈에 따라 빨리 동물병원에 가서 필요한 검진을 하고 싶었다. 밍고는 각종 검사에서 특이점이 발견되지 않았고 입에 넣어주면 삼키는 반응을 하기는 했다. 수의사님은 일단은 검사 결과 특이점이 발견되지 않으니 강급하면서 지켜보자고 하셨다. 피부병은 심각한 건 아니니 몸무게를 늘리고나서 복용하는 약으로 치료하자 하시고는 터비덤 스프레이만 받아왔다. 밍고는 별 소득 없이 집에 돌아왔다.

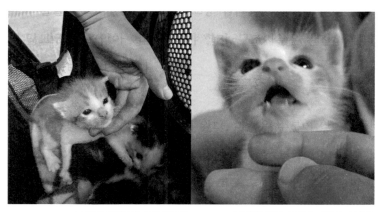

구조 당시 밍고와 동배 형제들   이유식을 먹을 수 있게 이빨이 난 밍고

밍고는 이미 이빨이 나기 시작해서 불린 사료를 먹으면 변이 더 건강하게 잘 나오므로 불린 사료 이유식을 시작했다. 분유를 먹이

고 싶어도 젖병을 스스로 빨지 않아 강급하려면 불린 사료가 더 나왔다. 마더 앤 베이비 사료를 물에 불려 목구멍 근처까지 깊숙이 넣어주면 밍고는 그제야 꿀떡 삼켰다. 문제는 내 왼손으로 밍고의 입을 벌리고 오른손으로 사료를 알알이 떠서 밍고의 입 안쪽에 넣어주고 목을 쓰다듬어 삼키게 하는 번거로운 일을 고양이의 끼니 때마다 해야 한다는 점이었다. 밍고와 동시에 임보 하던 꽃점이는 혼자서 이유식을 잘 먹었기 때문에 손이 안 갔는데 밍고는 젖먹이도 아닌데 때를 맞춰 강급을 시켜줘야 했다.

그런데 밍고 뿐만 아니라 입양 전제 임보를 간 다른 녀석들도 마찬가지였다. 그 녀석들은 원래 약했는지 아니면 입양자의 케어가 서툴렀는지 얼마 못 가 별이 되었다는 소식을 전해 들었다. 다른 두 마리가 별이 되었다는 소식에 더욱 초조해져서 밍고의 강급에 힘을 썼다. 스스로 먹지 않으면 어떠랴. 살아만 있어다오. 밍고를 구조한 날로부터 매일매일 새벽에도 알람에 맞춰 일어나 강급했다.

그렇게 열흘이 지나고, 꽃점이의 이유식을 준비해 두었는데 밍고가 다가가서 와구와구 먹는 게 아닌가! 너무 깜짝 놀라고 밍고를 방해하고 싶지 않아 숨을 멈추고 지켜보았다. 밍고는 만족스러운듯 한 그릇을 다 비우고서야 자리를 떴다. 드디어 됐다! 혼자 먹을 수 있게 되었다! 밍고의 자립에 신이 난 나는 밍고를 입양 보내도 되겠다는 생각이 들어 신중하게 입양 글을 작성했다.

밍고와 꽃점이

밍고와 꽃점이는 같이 입양 글을 작성했는데, 작성한 날 저녁부터 입양 문의가 많이 들어왔다. 우리 밍고와 꽃점이가 예쁘긴 하지. 흐뭇한 마음으로 입양 신청서를 다 읽어보았다. 입양 글을 올린 다음 날 나와 같은 직종의 한 여성분이 연락을 주셨다. 밍고의 입양 신청이었는데 세상에 남동생이 수의사를 꿈꾸는 수의대 학생이란다. 게다가 본가에는 이미 두 마리의 고양이가 있었는데 사진을 보내달라고 해서 받은 사진 속에는 사랑스러운 고양이와 가족들의 모습이 담겨 있었다. 느낌이 왔다. 이 집이다! 바로 밍고의 입양 과정을 밟고 밍고는 입양 계약서를 작성하고 새로운 가족의 품으로 갔다. 열흘 간 이유 없이 음식을 거부했고 그래서 입을 벌려 먹을 것을 넣어주어야만 음식을 삼켰던 밍고. 열흘 간의 시집살이였지만 밍고가 자라서 스스로 먹을 때까지 나는 기다렸다. 그 고된 시집살이가 열흘 만에 끝나서 다행이었다. 새로운 가족을 만나 지금은 먹성 좋게 매일 잔뜩 먹어댄다고 한다.

밍고 입양 이야기

강경남

독립을 하고 얼마나 지났을까. 본가의 고양이들이 너무 보고 싶어졌다. 우리 가족은 고양이를 사랑해서 두 마리의 고양이를 키운다. 가족들은 고양이와 눈높이를 맞춘답시고 매일 방바닥에 누워서 생활할 정도다. 동생은 수의학과에 진학했을 정도로 동물을 사랑한다. 그런 본가에서 고양이들과 복작복작하게 살다가 독립하니 너무 우울해서 룸메이트가 필요했다. 나의 룸메이트는 역시나 고양이여야 한다. 반려 냥이를 찾기 위해서 온갖 입양 카페와 커뮤니티를 다 뒤적였다. 반려묘의 첫 번째 조건은 유기묘 혹은 길고양이였다가 구조된 고양이여야 한다는 점이었다.

그렇게 나의 반려 냥이를 찾아 헤매고 온갖 카페를 다 돌아보던 중, 동그란 얼굴의 귀여운 치즈 고양이를 발견하였다. 너무나 귀여운 몸에 사랑스러운 얼굴. 단숨에 입양을 해야겠다고 생각했다. 임보자님께 연락을 했더니 이미 입양이 결정된 아이라고 했다. 아쉬웠지만 다른 고양이를 찾아 헤맸다. 입양을 기다리던 수많은 고양이 중에 분홍 코와 분홍 입술, 예쁜 눈망울이 인상적인 고양이가 단번에 내 마음에 들어왔다. 맹한 표정에 무기력한 몸동작들. 바로 파동이었다. 밍고라는 임보 이름을 가진 그 아이는 정말이지 너무나 귀여웠다. 피부병이 조금 있다고 했지만 별로 문제 될 것 같지는 않았다. 단숨에 입양 신청서를 내고 연락을 기다렸다.

임보자님은 내가 보내드린 우리 본가 고양이들 사진에 반한 것 같았다. 바로 입양이 결정되고 밍고를 보러 갔다. 밍고는 정말이지 아주 작았다. 이렇게 작은 아기 고양이는 처음 보아서 감동스러울 정도였다. 밍고를 직접 보기 전에는 밍고 전에 처음 입양 신청을 했던 조랭이 떡 같은 치즈색 아기 고양이가 아쉬웠는데 밍고를 보자마자 그런 생각은 존재하지 않았던 것처럼 사라져 버렸다. 우리 파동이를 어찌 감히 다른 고양이에 비교할 수가 있을까.

입양 날, 밍고와 같이 지내던 임보 고양이인 꽃점이도 입양을 갔다던데 그래서일까. 밍고의 눈은 어딘가 슬퍼 보이기도 했다. 임보처에서 얌전히 앉아 있는 밍고를 보고 꺅꺅 소리만 질러댔다. 정말이지 살아있는 고양이 인형을 본 것 같았다. 나는 밍고에게 한눈에 반했다. 조심조심 안아 들고 집에 오자마자 방바닥에 납작 들러붙어 밍고와 눈높이를 맞추었다. 지금 생각해보면 밍고 입장에서는 공포스럽지 않았을까? 처음 보는 커다란 인간이 얼굴을 가까이 들이대고 콧바람을 뿜으며 연신 귀엽다고 소리를 질렀으니. 밍고는 인간이 그러거나 말거나 집안 곳곳을 탐색을 한 후 임보처에서 그랬던 것처럼 다시 편안하게 늘어졌다.

이름은 뭐로 하지? 한자사전까지 뒤적이면서 멋진 이름을 지어주려고 노력했다. 그렇게 정한 이름이 파동이었다. 으뜸 파에 무지개 동. 남집사 이름 끝 글자 '파'를 따서 그의 동생이란 의미도 있

었다. 파동이 입양 당시 코로나 19 사태로 재택근무를 하고 있었
던 터라 입양 후 며칠은 온전히 집에서 파동이와 있을 수 있었다.

몸도 제대로 못 가누고 뛰기는커녕 아장아장 걸어 다녔던 파동
이. 이제는 걷지를 않는다. 캣초딩 시기라서 그런 걸까. 사방팔방
뛰어다니기 일쑤다. 아장아장 다닐 땐 화장실에 다녀오면 꼭 코에
모래를 묻혀 왔다. 코에 조금 묻은 모래조차 너무 사랑스러웠다.

아주 긴 장마와 큰 태풍이 지나갔던 2020년 여름과 초가을을 지
나며 든 생각인데, 우리 파동이가 밖에 계속 있었다면 이 계절 변
화를 견딜 수 있었을까? 파동이가 나에게 와주어서 너무 고마웠
다. 나도 파동이에게 고마운 존재일까?

파동이는 캣초딩 시절을 지나며 절대 걷지 않고 뛰어다닌다. 아
니, 날아다닌다고 해야할까. 전선을 다 질근질근 씹어 놓기도 한
다. 그래서 온갖 사고를 치는 요즘은 귀여움의 탄성보다는 고통의
탄식을 자아내고 있다.

"야! 너는 나 없었으면 어쩔 뻔 했니!"

이런 말을 자주 한다. 파동이가 나 없이 길 생활을 했을 거란 생
각만 해도 아찔해진다. 바로 눈물이 날 것만 같다. 우리 파동이, 언
니 없으면 안 될 것 같지?

입양 후 파동이라는 이름을 얻은 밍고

심바의 이야기

심바의 이야기

심바 구조 및 임보 이야기

김세영

　심바는 2019년 10월 막 추워지기 시작한 어느 날, 서울특별시 광진구의 한 회사 앞 길고양이 급식소에 나타난 생후 2주 차 아기 고양이였다. 구조자님의 회사 앞에서 구조되었고 구조자님이 직접 심바라고 작명을 해주셨다. 처음 보았을 때 눈 뜬 지 얼마 안 되어 보였는데 눈곱이 있어 안약을 타고 범백 키트 검사를 해보려 동물병원에 데려갔다. 남아라고 말씀해주셨고 범백 키트 검사 결과는 음성이었다. 그리고 눈을 제외하고는 별다른 문제가 보이지 않았다. 수의사님은 안약만 넣어주면 금방 눈이 깨끗해질 거라 하셨다.

심바는 먹성이 좋았다. 아기 고양이들은 처음 구조되면 고무젖꼭지가 낯설어서 수유를 종종 거부하는데 심바는 그런 것도 없었다. 분유를 타서 주면 주는 대로 다 먹고는 통통한 배로 뒤뚱뒤뚱 다녔다. 보통은 이유식이나 건사료로 넘어갈 시기에 아기 고양이들이 적응을 못해 잘 못 먹기도 한다. 심바는 이가 나자마자 이유식도 건사료도 너무나 잘 먹었다. 심지어 이유식이라고 준 것을 싹싹 다 먹고 쵸비의 성묘용 건사료도 우적우적 먹었다. 먹성이 그렇게 좋았는데 나중에 입양 가서는 입맛대로 사료를 골라 먹는다나. 편식쟁이가 됐다는 소식을 듣고는 깜짝 놀랐다. 고양이도 자라면서 입맛이 바뀌나보다. 임보 당시엔 모든 것을 먹어치우는 먹보였던 애가 편식쟁이가 될 줄이야!

잘 먹는 것만큼 아기 고양이에게 중요한 것이 따로 없다. 그러나 그 외에 임보자 입장에선 큰 고민거리가 하나 있었는데 바로 심바가 건사료를 우적우적 먹을 줄은 알아도 준비해둔 화장실을 이용하지 않고 대소변을 아무 데나 싼다는 것이었다. 생후 3주가 지나면 엉금엉금 잘 기어 다니는 아기 고양이들은 빠르면 생후 3주부터 정해진 화장실에 배변을 한다. 그런데 심바는 4주가 되어도 5주가 되어도 방바닥과 이불에 배변을 했다. 화장실에 갈 때까지 배변을 못 참는 건가 싶어서 화장실 근처로 격리장을 만들어 주었지만 소용없었다. 그래서 건사료를 먹는 시기가 되어서도 입양을 보내야 하나 말아야 하나 고민이 되었다. 배변을 못 가리면 파양 될 수도 있기 때문이다. 고민하다가 심바가 한창 귀여운 6주 차에 아직 배변을 못 가린다고 고지한 입양 글을 올렸다. 6~7주 차의 아기 고양이는 정말 귀엽다. 이렇게 귀여울 때 못 가면 입양 시기를 놓치고 입양 가기 어려워질 수도 있어 미리 입양 글을 올렸다. 많은 분들이 연락을 주셨는데 그중 한 분의 입양 신청서가 눈에 띄었다. 최근에 구조한 고양이를 범백으로 떠나보내고 괴로워하셨다고 했다. 이렇게 고양이 때문에 마음이 아파본 분들의 사연이 왜 이리도 내 마음을 잘 흔드는지. 범백이나 파보는 해당 질병에 걸린 고양이의 분변으로 바이러스가 배출된다. 이미 배출된 바이러스는 환경에 따라 1년간 생존할 수도 있다. 따라서 범백으로 첫째가 떠났으니 그분의 집안 전체를 소독해야 했다. 예비 입양자분은 첫째를 질병으로 잃은 만큼 소독도 철저히 하고 심바의 건강 사항에 대한 질문을 많이 하셨다. 그리고 입양 날, 저 멀리 철원에서 서울까지 오셔서 심바를 입양하셨다. 그런데 임보처에선 화장실을 못 가리던 심바가 입양을 가자마자 배변을 잘 가린다는 소식을 들었다. 이제 자기 집인걸 아는 걸까? 배변 문제가 해결되어 다행이라고 생각했다.

그리고 몇 개월 후, 심바가 중성화 수술을 할 시점에 갑자기 온 연락. 심바가 남아가 아니라 여아라고 한다. 고양이는 중성화 수술 비용이 암컷과 수컷이 다르다. 암컷이 10만 원가량 더 비싸고 복잡한 개복수술을 한다. 구조 당시 심바를 봐주셨던 수의사님께 전화를 드리니 어린 개체는 생식기 부분이 성숙하지 않아 가끔 잘못 판별할 때도 있다고 머쓱해하셨다.

고양이를 입양 보낼 때 주로 5만 원 정도의 책임비를 받는데 대개 중성화 수술을 하면 돌려준다는 조건을 건다. 심바 입양자분에게 5만 원을 돌려드릴 때 미안한 마음에 5만 원을 더 얹어서 보내드렸다. 심바 성별을 잘못 고지한 나의 책임도 있기 때문이었다. 중성화 수술비도 더 비싸니 보태시라고. 다시 생각해도 아찔한 입양 사고다. 성별을 잘못 고지한 경우 파양으로도 이어질 수 있기 때문에 입양 보낼 고양이에 관한 기본적인 정보를 제대로 체크하지 못한 내 잘못이 컸다. 이 후로는 고양이 성별을 여러 번 체크하고 어린 개체도 정확히 성별을 구별하는 방법을 확실히 알게 되었다.

심바 입양 이야기

김하연

내 생애 첫 반려묘 쿠바를 먼저 보내고 한 달 만에 만난 고양이
가 바로 심바, 너야.

좋은 구조자님, 임보자님 덕에 너를 만나게 되었네.

먼저 별이 되었던 쿠바는 길에서 구조한 아이였어. 어느 날 갑자
기 동네에 나타났대. 어쩌면 쿠바는 버려졌던 걸까. 처음엔 쿠바
를 데려올 맘이 없었는데 길에 쭈그려 앉아 쓰다듬어 주다가 일어
나서 차를 타러 갔더니 쿠바가 내 차에 올라타더라. 차 안에서 나
가지 않고 가만히 잠을 청하는 모습을 보니 이것이 말로만 듣던
간택인가 싶어 그대로 구조했어. 6개월 정도 된 여자아이였지. 길
에서 살기에는 너무나 예쁘고 사람을 좋아하는 아이였어. 그런데
데려온 지 얼마 되지 않아 뭔가 이상한 점들이 눈에 띄었어. 길에
서 배고파서 그랬는지 낙엽과 돌을 먹은 것을 토했고 잘 때는 호
흡이 가빴어. 동물병원에 데려가니 범백이라고 하더라. 나를 만난
지 5일 만에 범백이라니. 모든 게 내 탓인 것만 같고 괴로웠어.

범백을 이겨내지 못한 나의 첫째 쿠바는 그렇게 별이 되었고 나
는 너무나 슬퍼서 한 달 동안 일상생활이 불가능했어. 그러다가
쿠바로 인해 가입하게 된 고양이 카페에서 심바, 너를 보게 된 거
야. 그리고 바로 입양 신청을 했어. 입양 글에서 귀여움이 가득 묻
어났던 너를 보며 입양일을 얼마나 기다렸는지 몰라. 서울까지 가

는 그 길이 너무나 설렜어. 처음에 너를 입양하고 손바닥만 한 너를 보면서 불면 날아갈까 봐, 좁은 곳에 들어가 나오지 못할까 봐, 모든 게 다 걱정됐어. 첫째 쿠바가 나에게 온 지 열흘 만에 떠나서 더 조심스럽고 조바심 났던 것 같아. 어쩌면 우리 심바도 어느 날 갑자기 나를 떠나지 않을까 너무 무서웠어. 밤마다 엄마의 얼굴을 핥아주고 엄마 어깨 위에서 자던 너. 내 근심과 걱정 따위는 별 것 아닌 걸로 만들어주는 우리 심바. 네 덕에 엄마의 사생활은 없어졌지만 엄마는 그것조차 너무너무 좋아.

너를 만나고 3개월이 지나고 따뜻한 봄이 왔어. 중성화 수술을 해주러 갔다가 엄마는 아주 깜짝 놀랐어. 여자는 나 하나로 족하다고 생각하고 남자애를 데려왔는데 세상에나, 우리 심바는 여자아이라는 거야. 이제껏 누나 나갔다 올게~ 하고 다녀왔는데 심바가 여자라니! 중성화 수술 일정도 3주 후로 미뤄야 했어. 임보자 분에게 연락했더니 어찌나 미안해하던지. 그분 잘못은 아닌데 말이야. 그래도 여전히 우리 심바를 사랑해. 우리 심바가 여자든 남자든 무엇이 중요하겠어. 그런데, 엄마가 심바에게 했던 말 기억 나니?

"심바, 이름부터 바꿔야 하나?"

내가 너무 오냐오냐 키운 걸까. 우리 심바는 엄청난 편식쟁이에 까칠하고 냥루틴이 너무 짧아 엄마가 다른 일을 할 수 없게 만들었지. 입맛이 까다롭고 입이 짧아 매번 너를 위한 건사료와 습식 사료를 찾아 헤매곤 해. 그리고 엄마의 팔, 다리가 상처로 뒤덮일 정도로 물어대는 너 때문에 진심으로 지치고 힘들 때도 있어. 그래도 여전히 너는 나에게 소중한 심바야.

우리 심바가 1살이 되던 때, 생일을 기념하여 건강검진을 하기로 했지. 병원에서는 한 살짜리 고양이는 건강검진을 하지 않아도 된다고 했지만 요즘 숨을 빨리 쉬는 것도 걱정되고 갑자기 곁을 떠난 쿠바 생각이 나서 해달라고 했어. 너는 건강검진 받는 것이 싫겠지만.

결과가 나오기까지 매우 떨렸어. 그리고 검사 결과를 듣고 엄마는 정말 많이 울었단다. 많이 속상하고 슬펐어. 우리 심바가 양쪽 눈이 다 백내장이 진행되고 있었는지 엄마는 정말 몰랐어. 하늘이 무너지는 것 같았지. 백내장 수술을 해도 후유증으로 녹내장이 올 수 있다는 말에 심장이 찢어지는 것 같았어.

그리고 시작된 너와 나의 전쟁. 하루 3번 안약 넣기. 너는 정말 안약 넣는 것을 싫어했지만 백내장 진행을 늦추기 위해 해야만 했단다. 네가 싫어해도 나는 해야만 해. 우리 심바가 건강하게 조금만 더 세상을 볼 수 있다면 나는 뭐든지 할 수 있어.

사랑하는 나의 딸, 나의 심장. 아직 1년이 안 된 초보 엄마라 너의 마음을 다 알아주지 못할 때가 많지만 내가 더 노력할게. 앞으

로 우리에게 남겨진 동물병원 진료도 잘 해내자. 그리고 엄마가
우리 심바 너무 사랑하는 것, 그거 하나만 기억해주기를 바랄게.

미미의 이야기

미미의 이야기

미미 구조 및 임보 이야기

김세영

어느 한가로운 일요일 오후, 꽃점이를 구조하셨던 캣맘님께 전화가 왔다. 서울 서초구에서 암컷 고양이를 TNR 해주고 포획한 장소에 방사하다가 그 장소에서 생후 한 달쯤 되어 보이는 아기 고양이 셋을 발견했다는 내용이었다. 장소는 서초구 빌라 지하 창고였고 TNR을 한 그 고양이가 엄마 고양이로 추정되었다. 암컷 고양이는 중성화 수술 시 개복을 하기 때문에 통상 5일 정도 입원 치료 후 방사한다. TNR을 한 그 고양이가 엄마 고양이가 맞다면 아기 고양이들은 5일간 물조차 마시지 못하고 굶은 셈이었다. 아기 고양이들은 어두운 지하 창고에서만 살다가 세상 밖으로 나오니 놀란 것 같았다. 박스 안에서 목을 길게 빼고 동그랗고 호기심 가득한 눈으로 밖을 살폈다.

구조 당시 미미와 동배 형제들

　세 마리는 각각 약수, 오즈, 미미라는 이름이 붙었다. 동배에서
나온 형제들이 각각이 어쩜 그리 성격이 다를까. 약수는 용감하게
사람들을 올려다보고 계속 밖을 살폈다. 오즈는 먹성이 좋아 먹을
것을 주면 주는 대로 다 받아먹었다. 마지막으로 미미는 셋 중 유
일한 여자 고양이였고 덩치가 제일 작고 겁이 많았다. 몸을 동그
랗게 말고 모서리에 몸을 끼워 넣은 채 꼼짝도 안 했다. 캣맘님은
갑작스럽게 구조한 아기 고양이들 때문에 당혹스러우신 것 같았
다. 나는 주저 없이 미미를 임보 하겠다고 했다. 그렇게 미미는 나
에게 오게 되었다. 이동하는 내내 이동장 안에서도 미미는 이동장
구석에 머리를 박고 죽은 듯 가만히 있었다.

　미미가 임보 온 그 날, 마침 나는 나의 둘째 고양이 라미를 입양
했다. 라미는 활발하고 장난기 많은 하얀 고양이였고 미미는 소심
하고 겁이 많은 까만 고양이였다. 라미도 미미처럼 생후 한 달쯤

에 구조 되었다. 색도 완전히 다르고 성격도 달랐지만 둘이 잘 어울릴 수 있을 것 같았다. 집에 도착해서 내려놓자 라미는 온 집안을 탐색하며 냄새를 맡았지만 쫄보 미미는 행거 밑 구석에 숨어 나오지 않았다. 그런 미미를 구석에서 꺼내 준 건 바로 라미였다. 라미가 놀자고 계속 장난을 걸고 여기저기 뛰어다니니 덩달아 미미도 구석에서 나오게 되었다. 밝고 활발한 라미가 사람에게 애교를 부리는 것을 보고 미미도 점차 사람에게 마음을 열기 시작했다. 억지로 쓰다듬으려 하지 않고 미미가 다가올 때까지 기다렸다. 미미가 너무 귀여워 기다리기 힘들었지만 그래도 참았다. 미미는 아주 천천히 조금씩 나에게 다가왔다.

그런데 미미가 설사를 연달아하다가 혈변을 보기 시작했다. 동물병원에 데려갔는데 지알디아 키트 검사에서 양성반응이 나왔다. 처방대로 약을 먹였더니 차도가 있었다. 길에서 온 고양이들은 원충이나 기생충이 있을 수 있으니 사전에 검진을 반드시 받는 것이 좋다. 이때 미미뿐만 아니라 라미도 같이 구충을 했다. 그리고 쵸비도 구충제를 먹였다. 혹시 모르니 사람도 구충제를 먹어야 한다. 미미 덕분에 온 가족이 구충을 하게 되었다.

동배의 형제들인 약수와 오즈가 다른 임보처에서 차례로 입양을 가고 건강해진 우리 미미도 입양을 준비했다. '이 쫄보가 입양 가서 며칠 구석에서 안 나오면 어쩌지?' 걱정도 되고 고민이 많았다.

입양 글에 미미가 겁이 많아 마음을 열려면 며칠 걸릴 수 있다고, 기다려달라고 썼다. 그리고 미미는 꼬리가 반쯤 잘린 듯한 모양새로 꼬리가 짧았다. 꼬리만 보면 재팬밥테일이라는 꼬리가 짧은 종이 생각났다. 길고양이 중 꼬리가 짧거나 꺾인 모양이 자주 보이는데 이는 근친교배나 임신 중 영양부족으로 인하여 나타난다고 한다. 미미의 뭉툭한 꼬리를 보며 길게 쭉 뻗은 꼬리가 아니라서 입양이 잘 안될 것 같아 걱정도 되었다. 이게 미미의 매력 포인트인데! 이걸 알아주실 분이 데려가 주시면 좋겠다고 생각했다. 입양 글을 올린 후 여러 사람에게 몇 차례 연락이 왔지만 미미의 입양처로는 적합하지 않은 것 같아 입양이 자꾸 미뤄졌다. 그러다가 현 입양자님의 정성스러운 입양 신청서를 받았다. 이런 게 묘연일까? 입양 신청서를 읽고 연락을 나누는 중에 차차 느낌이 왔다. 미미를 잘 보살펴주실 분이 이 분이구나. 화상을 입은 채 발견되어 구조한 첫째 고양이가 있다고 하셨다. 이 녀석 또한 엄청난 쫄보라서 마음을 여는데 한참이 걸렸다고 하셨다. 이 분이라면 미미의 소심함을 잘 이해해주시고 기다려주실 것 같았다.

입양 날, 부천에서 온 가족이 다 같이 오셔서 미미를 데려가셨다. 구조자님도 입양 날 동석하셔서 입양을 축하해주셨다. 그렇게 미미는 입양을 갔고 가끔 소식을 전해 듣는다. 미미라는 이름이 너무 잘 어울려서 그대로 미미라고 부르신다고 한다. 그런데 이 쫄보가 나에게는 마음을 열기까지 한참이나 걸렸는데 입양 간 곳에서는 적응이고 뭐고 바로 폴짝폴짝 뛰어다녔다고 한다. 이 소식을 듣고 가슴을 쓸어내렸다. 바로 적응해서 다행이다. 그곳이 바로 자기 집인 줄 알아챘나 보다. 첫째 고양이 노리와 미미가 잘 합사 되어 입양자님은 요즘 고양이 키우는 재미에 푹 빠져 계신다고 한다.

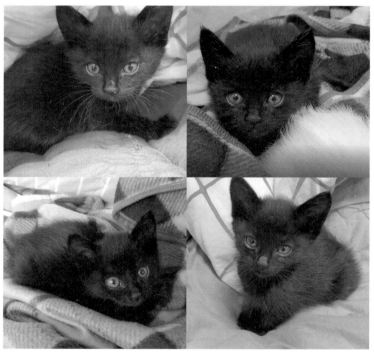

미미

미미 입양 이야기

서민경

　나는 가을을 싫어한다. 면역력이 약해서 피부병을 20년 넘게 앓고 있다. 가을바람이 불면 심해진다. 최악은 환절기다. 바람에 찬 기운이 섞이면 한쪽 코가 막힌다. 가을밤마다 한쪽 코로 숨을 쉬니 피곤하다. 까만 겨울보다 붉은 가을이 무서운 이유는 이렇게 다양하다. 계절의 힘을 막을 수도 없고. 가을의 등 떠밀어 겨울을 건디고, 모가지를 빼고 봄을 기다릴 뿐이다.

　2년 전만 해도 나는 고양이와 함께 살지 않았다. 딸 하나 키우는 것도 허덕이면서 고양이라니. 길에서 마주친 고양이들만 보면 눈 키스를 보내는 애묘인으로 살았다. 그래도 묘연이라는 말을 믿었다. 집사는 고양이에게 '간택' 당한다는 애묘인들의 전설 같은 말에 기대어 기다렸다. 고양이를 만지면 콧물을 줄줄 흘리는 집사지만 이런 나를 선택해주는 고양이가 존재하기를. 내 손길에 몸을 맡기는 고양이를 만나기를.

　딸이 8살이 되면서 우리는 서울에서 경기도로 이사를 왔다. 아파트로 빽빽한 도심 한가운데에서 경기도 외곽 아파트촌의 풍경은 극적으로 달랐다. 눈에 들어오는 초록의 넓이만큼 마음의 여유도 커졌다. 그해 겨울의 어느 날, 딸과 함께 산책을 나가던 길이었다. 우리 동 앞에는 놀이터가 있어 어린이들로 북적거리는 편이다. 그날은 소리의 긴장이 달랐다. 초등학생부터 중학생까지 아이들끼리 수군거리며 몰려 있었다. 놀이터 앞 화단 안에서 고양이 울음소리가 대차게 들렸다. 분명 아기 고양이의 목소리인데, 데시벨은 우렁찼다. 애절했다.

덤불을 자세히 들여다봐도 아무것도 보이지 않았다. 우는 소리는 끊이지 않고. 딸의 친구가 말했다. "얘, 엄마 찾나 봐요." 그랬다. 예전에 파주 북잔치에 딸이랑 놀러 갔을 때 한 미아 소녀를 만났다. 그 아이의 울음과 이 고양이의 소리는 닮아 있었다. 당황. 놀라움. 공포. 무서움. 외로움. 배고픔.

귀여운 고양이를 보고 흥분한 어린이들이 접근하고 나는 고양이가 다칠까 봐 걱정스러웠다. 고양이를 20년 넘게 키운 지인에게 전화를 걸었다. 아기 고양이가 위험한 상황이고 주변에 엄마가 보이지 않는다고 설명했다. 사람 손이 타면 엄마가 새끼를 찾으러 오지 않을 거라고 했다. 먹을거리와 물그릇을 마련해서 박스 집을 만들어줬다. 호기심 가득한 동네 어린이들로부터 새끼를 보호하면서 엄마 고양이를 만날 수 있는 외진 곳을 찾았다.

하루가 지나도 엄마 고양이는 오지 않았다. 아기 고양이는 박스집이 편안한지 멀리 가지도 않고 그 안에서 자고 먹고 쉬었다. 어린 고양이를 혼자 둘 수가 없어서 남편에게 물어보았다. 데리고 와도 괜찮겠냐고. 고등어 무늬의 아기는 이렇게 우리 집 첫 고양이가 되었다. 놀이터 앞에서 만나 이름을 '노리'라고 지었다.

노리가 집에 온 날 품에 안고 다친 데는 없는지 살폈다. 앞발 젤리 아래 표피층의 피부가 뜯겨나가 벌건 살이 보였다. 첫 번째 병원에서는 상처가 심각해서 발을 잘라야 할지 모른다고 했다. 두 번째 병원의 의사는 화상을 입은 것 같다고, 붕대를 이틀에 한 번 갈아줘야 한다고 말했다. 다행히 발을 자르지 않아도 되었다. 그러나 이름과 달리 잘 놀지 못했다. 작은 소리에도 긴장하는 건 고양이 습성이라 해도, 어떤 놀잇감에도 반응하지 않고 멀뚱멀뚱 쳐다만 보는 모습은 의아했다.

1년 반이 흘렀다. 노리는 평화롭게 지내고 있다. 수시로 박스 귀퉁이나 뾰족한 철 재질을 이빨로 씹어대는 버릇은 심해졌다. 놀아주려고 해도 별 반응을 하지 않는 노리. 우리만 보면 애교를 부리며 울어대지만 사람이 다가오면 만지는 걸 기꺼워하지 않는다. 어릴 때 다쳤던 경험 때문에 트라우마가 생긴 걸까. 노리를 볼 때마다 걱정거리가 풍선처럼 커져갔다.

지구에 나 혼자만 남았다면 기분이 어떨까. 노리를 보면서 사람이 채워주지 못하는 고양이의 외로움을 생각한다. 딸과 고양이 하나만 잘 키우자 라는 결심이 흐려졌다. 큰 고양이와 나이 차가 적어야 적응하기 쉽다는 고양이 스승님의 말이 생각났다. 노리의 자매를 만들어주기 위해 만난 아기 고양이가 미미다.

털이 온통 까매서 눈을 감으면 검정 털 뭉치로 보이는 미미. 막

내로 태어나 영양분이 부족했는지 몸집은 작고 꼬리도 짧았다. 우리는 미미를 보자마자 다시 사랑에 빠졌다. 서울 동쪽에서 한강을 건너 서쪽으로 올 동안, 미미는 차 안에서 방방 거리며 돌아다녔다. 딸은 미미가 걱정스러워 안절부절못했다.

미미는 안방에 3일간 갇혀 지냈다. 거실은 노리의 영역이었다. 나이보다 작은 몸집인데도 미미는 안방이 좁다는 듯이 자유분방하게 뛰어다녔다. 제일 좋아하는 장소는 내 베개 뒤. 막내로 태어나 꼬리도 짧고 몸집도 작은 미미는 이불 안으로 파고들어 자는 걸 편안해했다.

새벽 네다섯 시쯤 되었을까. 타닥 소리를 내며 침대 위를 점프하듯이 둥글게 뛰어노는 미미의 움직임을 느낀다. 잠결에 아기 고양이랑 사는 행복감을 만지작거린다. 어릴 적에 엄마한테 강아지 키우게 해달라고 졸라대던 열 살의 나를 떠올린다.

잠을 잘 때는 엉덩이를 내 턱 쪽으로 두고 가슴 위에서 잠들었다. 다리를 다쳐 침대에 올라오지 못했던 노리를 키울 때는 맡아 보지 못한 진한 똥냄새였다.

3일째 되는 날, 안방 방묘창을 사이에 두고 노리와 미미가 처음으로 만났다. 생쥐처럼 재빠른 미미는 앞뒤 재지 않고 노리 쪽으로 달려가려고 해서 막았다. 미미는 작고 방묘창의 틈은 넓었다. 망사천으로 아래를 감싸서 벽을 튼튼히 만들어줬다. 노리는 첫날 아무런 관심을 주지 않다가 점점 안방 앞에 와서 미미를 보고 갔다. 일주일쯤 되었을 때 모두 방심한 사이 미미는 망사천을 사다리 삼아 월담했다.

얼떨결에 합사 하게 된 둘은 2주 동안 쫓는 자와 쫓기는 자로 나뉘었다. 추격자는 미미다. 큰 언니가 동생한테 도망가는 모습이 안쓰럽기도 하고 우습기도 했다. 확실한 건 노리가 예전보다 밥을 잘 먹고 활기차다는 점이다. 남편은 둘이 되면 똥이 두 배가 될 줄 알았는데 세 배가 되었다며 웃었다.

둘이 함께한 지 3주째 된 날. 캣타워 꼭대기 칸에서 노리와 미미가 함께 털을 맞대며 자고 있었다. 우리는 그 앞에서 사진을 찍어대며 '지금 이 순간'을 축하했다. 고등어 무늬 발과 검은색 발이 드디어 만났다. 뒤엉켜 자는 둘의 시간이 느리게 흘러갔다.

1주일 뒤, 미미가 다가오면 구석으로 줄달음치던 노리가 달라졌다. 배를 보이고 누워서 미미의 장난질에 냥펀치를 날린다. 가끔 둘이 레슬링을 하나 싶을 정도로 격투를 벌이기도 한다. 쫄보 노리가 이렇게 달라질 수 있다니. 삶은 늘 우리의 상상을 뛰어넘는다. 자기 몸집의 배나 되는 노리를 겁내지 않은 미미 덕분이다. 미미의 거침없는 사랑이 쪼그라든 노리의 마음을 펴준 게 아닐까.

미미의 근황을 인스타그램으로 지켜보던 임보인은 놀랐다. 나에게 알려준 미미의 원래 별명은 '쫄보'. 쫄보와 쫄보가 만난 것이다. 둘의 거리를 가슴 졸이며 따라가는 동안 눈썹 같은 가을의 길이가 늘어났다. 독한 알레르기 약을 먹어도 괜찮다. 두 고양이의

'첫'을 지켜보는 이 가을을 오래 기억할 것 같다. 우리 가족을 완성
해준 미미의 가을이니까.

고양이,
사진으로 만나다

일산에서 구조된 청학이

청학이

라이언

라이언

라온이와 라이언

망고

서초구에서 구조된 가을이

가을이

미코

미코

성묘 밥을 뺏어먹는 슈슈

심바와 쵸비

아고

입원 당시 아고

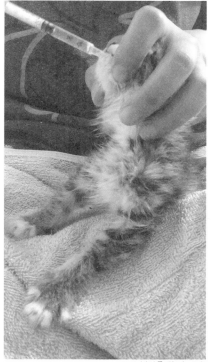

아고 설탕물 먹이는 모습

구조 당시 겁에 질린 아고

미미와 라미　　　　　　　미미와 라미

레이

레이

애교쟁이 마크

마크

라미

박스에 유기 되었던 아담이

합정역에서 구조한 삼색이

삼색이

춘천에서 구조 되었고 자꾸 꽁알댄다고 해서 이름 붙은 꽁치

경기도 가평군내 복지시설에서 구조된 새별이

새별이

루키

장난감을 좋아하는 에너자이저 루키

유기동물보호공고를 보고 데려온 수유 임보 아기 고양이

인천 구청 당직실에서 보호소로 인계되기 직전에 구조한 설기

210

성동구에서 구조한 턱시도 고양이

안약을 넣고 처치해준 모습

서초구에서 구조한 약수

약수

밍고와 함께 구조되었던 동배 형제들

밍고와 함께 구조되었던 동배 형제들   미우캣 협회에서 구조한 아기 고양이

미우캣 협회라는 강동구와 협약 맺은 협회에서 구조한 아기 고양이와 쵸비

212

서초구에서 구조된 블랑이

서초구에서 구조된 블랑이

보호소에서 데려온 수유 임보 아기 고양이

인천 청라지구 한 아파트
지하주차장에서 구조한 아기 고양이

맺음말

저는 30여 마리의 고양이를 임보 하면서 입양 보낸 경험을 많은 분들과 공유하고 싶어서 이 책을 썼습니다. 아주 능숙한 임보 캣맘은 아니어서 부족한 부분도 있지만 따뜻하게 바라봐주셨으면 합니다.

길 위에서 이런저런 이유로 구조되었지만 임시 보호처를 찾지 못 한 고양이들이 많습니다. 갈 곳 없는 고양이를 임시 보호하는 문화가 널리 퍼졌으면 좋겠습니다. 꼭 임시 보호하지 않으셔도 좋습니다. 그저 오늘 하루도 치열하게 살아갈 길 위의 생명들에게 따뜻한 눈길을 보내주세요. 어떤 생명은 당신 덕분에 죽을 고비를 넘기고 새 삶을 살 수도 있습니다.

언젠가는 구조 동물을 입양하는 것이 당연해지는 세상이 오기를 바랍니다. 더불어 한 가지 소망이 있는데요. 꼭 보호소 환경이 지금보다 더 나아졌으면 합니다.

흔쾌히 글을 써주신 구조자 분들과 입양자 분들께 감사합니다. 그리고 수의학적인 부분에서 도움을 주신 채움동물의료센터 조은철 원장님께 감사합니다.

고양이,
사람을 만나다
구조된 고양이들의 임보와 입양 이야기

초판 1쇄 발행 2021년 01월 08일

지은이 김세영
펴낸이 김동명
펴낸곳 도서출판 창조와 지식
디자인 양세열
인쇄처 (주)북모아

출판등록번호 제2015-000037호
주소 서울특별시 강북구 덕릉로 114
전화 1644-1814
팩스 02-2275-8577

ISBN 979-11-6003-294-9

정가 14,000원

이 책은 저작권법에 따라 보호받는 저작물이므로 무단 전재와 무단 복제를 금지하며,
이 책 내용을 이용하려면 반드시 저작권자와 도서출판 창조와 지식의 서면동의를 받아야 합니다.
잘못된 책은 구입처나 본사에서 바꾸어 드립니다.